Francisco de Assis
A história negada

Francisco de Assis
A história negada

CHIARA MERCURI

Tradução:
Federico Guglielmo Carotti

Edições Loyola

Título original:
Francesco D'Assisi – La storia negata
© 2016, Gius. Laterza & Figli. All rights reserved
Piazza Umberto I 54 70121, Bari, Italy
ISBN 978-88-581-2581-6

Dados Internacionais de Catalogação na Publicação (CIP)
(Câmara Brasileira do Livro, SP, Brasil)

Mercuri, Chiara
  Francisco de Assis : a história negada / Chiara Mercuri ; tradução Federico Guglielmo Carotti. -- São Paulo : Edições Loyola, 2024. -- (Temas e perspectivas)

  Título original: Francesco d'Assisi : La storia negata
  ISBN 978-65-5504-394-5

  1. Francisco de Assis, Santo, 1181 ou 2-1226 2. Santos cristãos - Itália - Biografia I. Título. II. Série.

24-218503   CDD-282.092

Índices para catálogo sistemático:
1. Francisco de Assis, Santo : Vida e obra   282.092

Cibele Maria Dias - Bibliotecária - CRB-8/9427

Preparação: Paulo Fonseca
Capa: Ronaldo Hideo Inoue
  Composição a partir da montagem de detalhe da foto da estátua representando São Francisco, de © alanstix64, com a ilustração de © schab. No fundo, ilustração de © Olga. © Adobe Stock.
Diagramação: Maurelio Barbosa
Imagens do miolo: © Marco Sete e © Marisha. © Adobe Stock.

Edições Loyola Jesuítas
Rua 1822 nº 341 – Ipiranga
04216-000 São Paulo, SP
T 55 11 3385 8500/8501, 2063 4275
editorial@loyola.com.br
vendas@loyola.com.br
www.loyola.com.br

Todos os direitos reservados. Nenhuma parte desta obra pode ser reproduzida ou transmitida por qualquer forma e/ou quaisquer meios (eletrônico ou mecânico, incluindo fotocópia e gravação) ou arquivada em qualquer sistema ou banco de dados sem permissão escrita da Editora.

ISBN 978-65-5504-394-5

© EDIÇÕES LOYOLA, São Paulo, Brasil, 2024

103480

*a Venerina Strangolino,
que amava Francisco*

Sumário

Agradecimentos 11

Prefácio 13

parte um
SALVAR A MEMÓRIA E NÃO O CORPO

I	Seu corpo não será tocado	19
	1. A morte de Francisco	19
	2. Seu corpo não será tocado	29
	3. Uma canonização instantânea	32
	4. Francisco é proclamado santo	34
	5. Frei Elias e a tumba no Colle Inferno	36
	6. Uma tumba escondida	40
II	Uma biografia oficial	43
	1. Salvar a memória e não o corpo	43
	2. A imagem oficial de Francisco	44

	3. Uma amarga desilusão	49
	4. A insatisfação de Gregório IX	58
	5. A reação dos frades doutores	61
	6. Os companheiros começam a escrever	62

parte dois
FRANCISCO NA LEMBRANÇA DOS COMPANHEIROS

III	Uma antiga amizade		71
	1.	A Assis dos nobres e dos mercadores	71
	2.	O jovem Francisco	77
	3.	A miséria prospera na cidade	82
	4.	A ambição de Pietro di Bernardone	86
	5.	Um pai que abençoa	92
	6.	Uma antiga amizade	94
IV	A vida na Porciúncula		99
	1.	A fraternidade	99
	2.	Um cesto de peixes	101
	3.	O vilarejo da Porciúncula	104
	4.	Irmão corpo	106
	5.	O dia dos frades	108
	6.	Natal	110
	7.	Greccio	113
	8.	A pobre de Machilone	116
	9.	Irmã cigarra	119
	10.	Um livro do Novo Testamento	122
	11.	Jograis de Deus	124

V.	A escolha de Clara e as irmãs	127
	1. No claustro a salvação	127
	2. O matrimônio de Clara	131
	3. Clara e Francisco	133
	4. A fuga	141
	5. A vida na fraternidade	145
	6. A clausura	147
	7. A voz de Clara	150
VI.	Francisco posto à margem	153
	1. A guinada	153
	2. Egito: a missão no Oriente	155
	3. Os novos frades	157
	4. A demissão de Francisco da condução da Ordem	160
	5. A Regra	161
	6. Verna: a quaresma de São Miguel	163
	7. San Damiano: o adeus a Clara	167
	8. Último retiro em Fonte Colombo: quem tem medo do irmão fogo?	170
	9. Bagnara: Francisco sob escolta	172
	10. O palácio do bispo de Assis: último ato	172
	11. Os companheiros tomam a via dos eremitérios	175

parte três
A HISTÓRIA NEGADA

VII.	A grande censura	183
	1. Os frades doutores e o estudo	183
	2. Boaventura e Gerardo de Borgo San Donnino	189

  3. O Francisco de Boaventura... 197
  4. Francisco, o simples... 202
  5. A poesia do Cântico... 206
  6. A grande censura... 212

VIII. Um candeeiro resiste aceso... 217
  1. Paris matou Assis... 217
  2. Esquecimento e obediência... 219
  3. Um candeeiro resiste aceso... 222

Notas... 233
Índice dos nomes.. 235

Agradecimentos

Quero e devo agradecer à minha editora na Laterza, Lia Di Trapani, pois juntas concebemos e construímos o livro.

Prefácio

Em 1890, o pastor calvinista Paul Sabatier chegou a Assis para procurar nos antigos acervos manuscritos da biblioteca do Sagrado Convento uma esquecida biografia de Francisco de Assis.

Naquela época, o burgo úmbrio não era daquele branco e róseo que veio a receber nas inúmeras restaurações, que não terminaram com as feitas por causa do terremoto de 1997, mas tinha um aspecto descuidado e fuliginoso, típico de todos os povoados rurais da Europa nos fins do século XIX.

Como antigo explorador, Sabatier tinha uma ideia clara do que estava procurando, ideia que esboçara e cultivara durante anos. Estava em busca dos escritos clandestinos de frei Leão, o frade que fora secretário pessoal e confessor de Francisco. Leão escrevera alguma coisa sobre Francisco; prova disso era a carta de Greccio, enviada em 1244 ao ministro-geral da Ordem, que fazia menção a tais escritos. Certamente, como todas as antigas biografias do santo de Assis, eles tiveram de passar pela depuração de Boaventura de Bagnoregio, mas algo desses escritos devia ter restado, talvez alguns fragmentos, escondidos em algum armário de algum remoto convento da Úmbria, pois certos escritores franciscanos, ainda no século XIV, faziam referência aos "pergaminhos de frei Leão", além de algumas esporádicas indicações de clérigos eruditos nos séculos seguintes.

Eram pergaminhos que se tornaram clandestinos depois da funesta ordem de Boaventura de Bagnoregio para que se destruíssem todas as lendas anteriores à sua.

Sabatier, quando já estava para se dar por vencido, desanimado com os sucessivos malogros das suas buscas, por fim conseguiu localizar, não entre os contrafortes góticos do imponente convento franciscano, suspensos no precipício sobre o verde dos Apeninos, e sim na margem esquerda do Sena, sob os tetos de ardósia da biblioteca Mazarin, aquilo que desde sempre procurava.

Mais tarde, os filólogos demonstraram que o material encontrado por Sabatier não era propriamente a obra de frei Leão, mas uma cópia remanejada de um manuscrito mais antigo, que o preservava parcialmente.

Alguns erros de datação, alguns equívocos na identificação dos textos, uma leitura de Francisco nem sempre compartilhada pelos colegas acabaram – não obstante o sucesso mundial de suas obras – por lançar um véu de descrédito sobre a figura de Sabatier e sobre a correção da validade de sua tese: o verdadeiro Francisco vivia no testemunho dos seus companheiros.

Os companheiros de Francisco, aliás – notava Sabatier –, haviam marcado seus escritos com uma estranha fórmula testemunhal: *nos qui cum eo fuimus*, "nós que estivemos com ele".

Tal assinatura soava como uma tomada de posição, como um ato de acusação contra aqueles que – como Boaventura de Bagnoregio –, mesmo "não tendo estado com ele", haviam pretendido fixar sua imagem, apagando o testemunho dos que, inversamente, tinham convivido com Francisco e aos quais se pretendera negar o papel de herdeiros.

Embora os historiadores, a partir de Sabatier, tenham procurado alertar sobre a inconsistência do Francisco de Boaventura, foi sobre esse Francisco que inevitavelmente veio a se definir a figura do santo úmbrio. Em meados do século XIV, entre os cerca de mil e quinhentos mosteiros franciscanos e os quatrocentos conventos de clarissas, não havia um que não possuísse a *Vida* de Francisco escrita por Boaventura: ainda hoje restam não menos que quatrocentas, escritas entre os séculos XIII e XIV. É um número enorme, que atesta a determinação com que Boaventura deu andamento à sua decisão de afirmar uma nova imagem de Francisco, mandando copiar mais de dois mil exemplares de sua biografia.

A difusão capilar da *Lenda* de Boaventura permite compreender que, muito mais danosa do que a funesta decisão de eliminar o testemunho de seus companheiros, foi a decisão – tomada em simultâneo – de impor um novo testemunho; com efeito, o dano não consistiu apenas no Francisco que foi negado, mas naquele que foi afirmado; o Francisco que continua ainda hoje a condicionar o que sabemos a seu respeito, com uma eficácia muito maior do que aquilo que ignoramos sobre ele: um frade ingênuo e inculto, um místico extático e dócil, um homem que dialogava muito mais com os animais do que com seus semelhantes.

Mas quem o viu falar e agir, quem permaneceu a seu lado em seus momentos de esperança e desespero – os "nós que estivemos com ele" –, conta uma história muito diferente.

parte um

SALVAR A MEMÓRIA E NÃO O CORPO

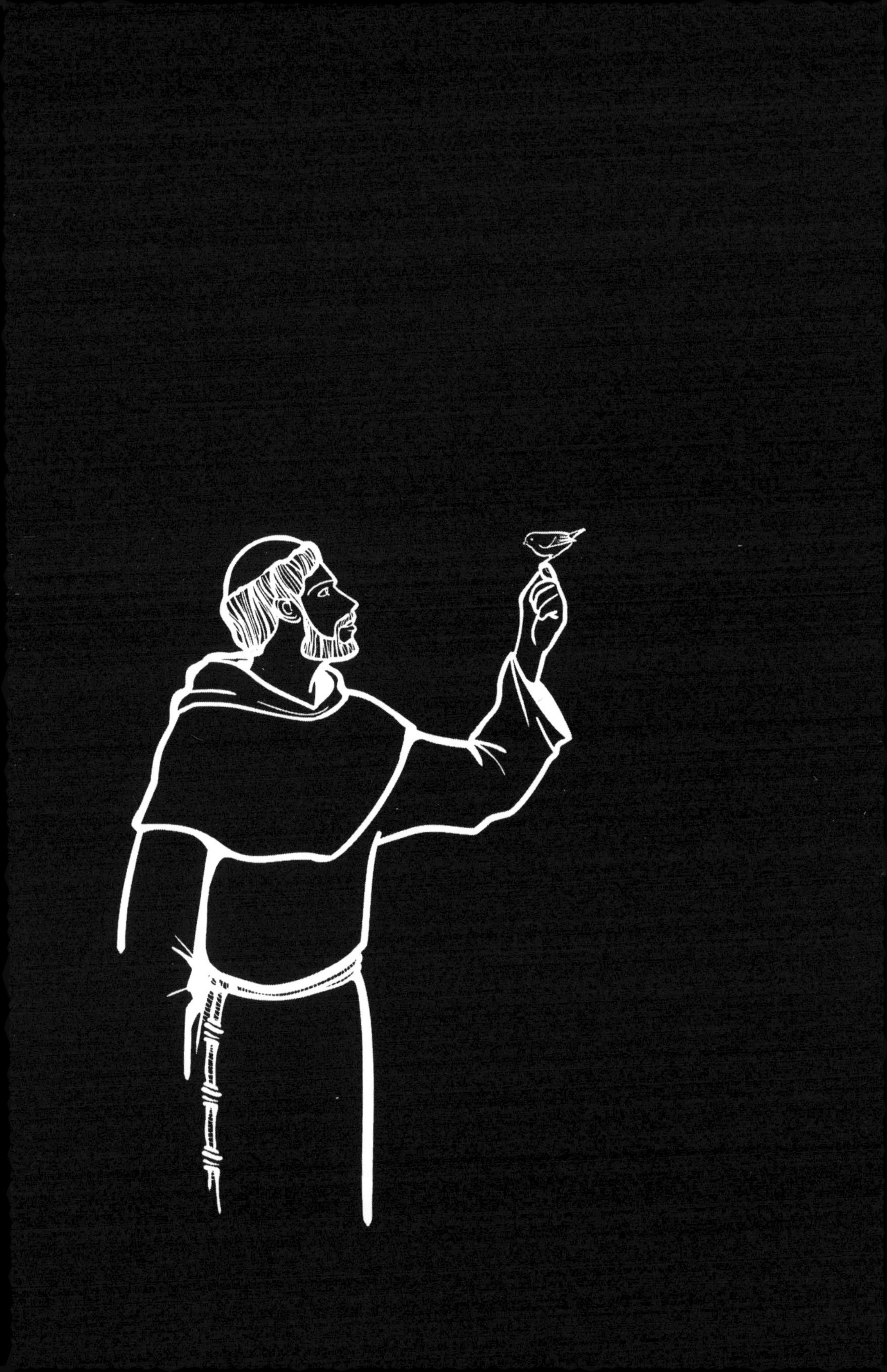

Seu corpo não será tocado

1. A morte de Francisco

Na noite do sábado 3 de outubro de 1226, frei Francisco agoniza no pequeno convento anexo à igreja de Santa Maria da Porciúncula, na planície úmbria, aos pés do monte Subásio.

Nos últimos meses da doença, quando ainda estava internado no palácio episcopal, na parte alta da cidade, homens armados haviam vigiado dia e noite os muros do palácio. São os mesmos homens que, alguns meses antes, haviam-se apresentado no mosteiro dos frades de Bagnara, pouco acima de Nocera Umbra, onde Francisco começara a ser aliciado para reivindicar seu retorno à cidade.

Haviam-lhe exposto a preocupação da cidade de Assis, o receio de que ele morresse longe de casa e outros se apoderassem de seu corpo. Francisco não dera mostras de se escandalizar com esse pedido; pelo contrário, seguira com esses homens armados gracejando ao longo do caminho, ao percorrer as voltas e as curvas dos Apeninos que levam de Nocera a Assis.

Depois de atravessarem a Porta Leste da cidade, escoltaram-no até o palácio episcopal de Santa Maria Maior, onde o esperava o bispo Guido. Já esbravejara no passado contra Francisco, censurando-o por descuidar da saúde, cada vez mais precária; várias vezes recorrera ao poder atinente ao cargo para lhe impor os cuidados adequados e obrigá-lo a aceitar abrigo junto a ele.

Depois de retê-lo por algumas semanas, fechado entre os muros de pedra de sua morada, no receio constante de que Francisco convencesse os seus a praticar alguma nova loucura, finalmente decidiu deixá-lo partir: Francisco quis voltar à Porciúncula, quis morrer no pequeno vilarejo rural onde tivera início sua vida em comum com os primeiros companheiros. Naquele pequeno terreno, situado na planície úmbria, erguia-se a igreja amada, que lhe fora doada pelo abade do Monte Subásio vinte anos antes. Ainda sobrevivem em torno daquele pequeno edifício em alvenaria os aposentos outrora usados pelos monges, que desciam ao vale para trabalhar nos campos. Os frades haviam restaurado aqueles casebres semiabandonados, haviam convertido o velho celeiro em enfermaria e levantado novas cabanas para morar.

Além dos casebres e da igrejinha em alvenaria, havia ali uma horta e, um pouco mais adiante, um vinhedo particular. A horta sempre fora cultivada pelos monges para prover a suas necessidades; apenas quando não conseguiam produzir o suficiente para o sustento, mendigavam nos campos alguns nabos e um pouco de pão de centeio ou de sêmola, que depois temperavam com ervas silvestres, colhidas no bosque vizinho ao vilarejo: era um bosque de azinheiras para onde Francisco e seus companheiros se retiravam em oração.

Agora que o fim se aproxima, Francisco quer voltar àquele dileto lugar e o bispo não pretende mais lhe negar o que pede com tanta insistência. E assim determina que o escoltem numa maca de volta à Porciúncula.

As autoridades municipais, por fim, também aceitam que ele se afaste de sua vigilância. O essencial é que Francisco permaneça na área de jurisdição da cidade, para que, após o falecimento, possa ser trazido de volta para dentro das muralhas, onde será possível assegurar uma vigilância cerrada.

Aquele corpo pertence à cidade, e as autoridades, laicas e religiosas, são concordes em querer confiar sua proteção aos homens de armas.

Nos últimos anos, tornou-se uma obsessão o receio de que Francisco morra em outro lugar, que seus restos se percam, que alguma outra cidade, talvez Roma ou Perúgia, apodere-se dele para sempre.

Seus concidadãos, depois de ridicularizá-lo – e, em alguns casos, deplorá-lo – por aquela excentricidade de ter abandonado a riqueza e os privilégios para abraçar a pobreza, começaram a amá-lo. E agora reivindicam-no como a mais alta expressão da história da cidade, como o fruto mais significativo daqueles 20 mil hectares de bosques, campos, pedras e oliveiras. E agora é a seu corpo, como último testemunho tangível, que se prendem com obstinação, desde que compreenderam que aquele homem não continuará vivo por muito tempo entre eles.

E isso não porque o nome de Assis tenha ganhado fama fora de suas divisas, nem porque papas e altos prelados tenham se interessado por ele; nem porque sejam capazes de prever o que realmente acontecerá: que o túmulo de Francisco se tornará um dos destinos de peregrinação mais visitados da cristandade. No momento, nada disso é sequer imaginável. No momento, a fama de Francisco mal ultrapassa as divisas da Úmbria e não é por mero cálculo que seus concidadãos desejam que permaneça entre eles. Com efeito, que cidade iria se privar do corpo de um justo?

Francisco sabe que seus companheiros começaram a fazer relíquias com os objetos que lhe haviam pertencido. Sabe que faz tempo que Leão – talvez o mais amado entre os seus – traz costuradas suas cartas nas roupas. Sabe também que muitos dos seus guardam zelosamente fragmentos de sua túnica, pedaços de seu cordão, mas não considera que tal obstinação em querer preservá-los seja uma contravenção à sua Regra. Até então, tratava com muita dureza aqueles frades que pretendiam abrandar sua absoluta interdição a qualquer forma de posse. Até então, desmontava todos os álibis, um a um, que alguns apresentavam para atenuar as proibições. Quando alguns objetaram que a posse dos livros é necessária para rezar o ofício divino, Francisco respondeu que, se a renúncia a eles permitisse prover às necessidades de um indigente, Deus seria duplamente louvado. Quando alguém argumentou que os frades, se não precisassem pensar na própria subsistência, teriam tempo para preparar seus sermões com esmero, ele retrucou que a pregação simples de homens que compartilham todas as formas de privação com os pobres atinge seu objetivo de maneira mais direta. Quando de várias partes comentava-se que os rigores do inverno num mosteiro de argamassa e pedra exigiriam menos da saúde dos frades, ele respondeu que somente num de barro e madeira poderiam realmente se entregar à incerteza do amanhã, confiando apenas na providência divina.

Mas agora, mesmo relembrando frequentemente a seus frades que o essencial é permanecerem unidos no espírito, já não se mostra mais tão rígido perante aquela tentativa de reter um pedacinho seu, como se fosse um fragmento de seu afeto. Francisco sabe como se sentem reconfortados com sua presença; sabe que muitas vezes a simples visão de seu rosto, o contato com suas mãos ou com o tecido áspero de sua túnica tiveram o poder de revigorar o ânimo dos companheiros, debilitado pela tempestade, e ele próprio – mesmo que não considerasse totalmente necessário – concedeu-lhes esse benefício:

> Meu filho, falo a ti como mãe a um filho: todas as palavras que trocamos ao longo do caminho, resumo-as numa só e num só conselho e não é necessário retornar a mim para ter conselhos, porque meu conselho é este: seja qual for a maneira que te pareça melhor agradar ao Senhor Deus e seguir seus passos e sua pobreza, faze-o com a benção do senhor Deus e com minha obediência.

Mas se precisares de tua mãe para ter algum outro conforto e quiseres retornar a mim, podes vir!¹

Seus companheiros nunca lhe esconderam que a opção de segui-lo muitas vezes significava dar saltos mortais, superar a si mesmos, arcar com um fardo mais pesado do que suas costas eram capazes de carregar. E nas agruras, quando nem nas orações encontravam conforto, precisavam reencontrar na materialidade de sua presença e na união de sua fraternidade a luz que pareciam ter perdido.

Ele mesmo, aliás, sentiu várias vezes a força consoladora da proximidade dos companheiros. Mais de uma vez, nas atribulações, a presença deles a seu lado teve o poder de acalmá-lo, de lhe devolver a coragem, de lhe restituir as energias esgotadas. Muitas vezes, percebendo como confiavam ser bom o caminho traçado por ele, sentia suas próprias dúvidas e receios se atenuarem. Muitas vezes, enfermo, recebeu o conforto de vê-los reclinados sobre seu leito, fazendo e desfazendo as bandagens que protegiam suas chagas, como se isso pudesse realmente curá-lo, como se esta fosse a mais doce de suas ocupações.

Muitas vezes, amargurado com as críticas e ataques venenosos que choviam sobre ele como dardos em chamas dentro da própria Ordem, encontrou conforto no calor do incondicional amor dos companheiros.

Mesmo para Francisco – entre eles o mais capaz de extrair força diretamente de Deus –, a presença solícita e benévola dos companheiros era, pois, fonte revitalizadora, capaz de revigorar suas forças sempre à beira do colapso.

Agora que percebe na contração dos rostos, nos sorrisos levemente esboçados o desespero por sua morte iminente, não lhes pretende negar o que continuam a pedir: que lhes deixe algo de si que lhes dê

---

1. Lettera a frate Leone [Carta a frei Leão], in: *La letteratura francescana*, v. I, 199.

algum alívio, tal como os primeiros peregrinos cristãos que recebiam consolo da simples inscrição na tumba de Pedro: *Petros eni*, "Pedro está aqui".

A presença de seu corpo lhe dará permanência, terá a capacidade de diluir a desesperança deles, terá o poder de protegê-los quando Francisco não estiver mais ali para fazê-lo.

Naquela noite, enquanto se espalha rapidamente a notícia de que seu fim já está próximo, os concidadãos de Francisco se sentem tranquilizados pelo fato de que esteja ali, no meio deles.

Naquela noite, a detestável inimiga, Perúgia – que desde sempre olha sua humilde vizinha com ar de superioridade –, chora de inveja com a notícia que está na boca de todos, a de que a vinte quilômetros dali está morrendo um santo, um homem que trará à sua rival uma fama e uma glória incomparáveis às que poderá conquistar com o comércio e com as armas.

Naquela noite, a meio caminho, um pouco adiante de Assis, no isolado convento de San Damiano, Clara e as irmãs também velam e oram, buscando consolo na última promessa que lhes fez Francisco, a de que o veriam mais uma última vez:

> Na semana em que o beato Francisco morreu, Clara, primeira plantinha das Irmãs Pobres de San Damiano em Assis, êmula de Francisco em observar sempre a pobreza do Filho de Deus, temendo morrer antes dele, pois estavam então ambos gravemente doentes, chorava amargamente e não podia ser consolada, porque pensava que não veria mais, antes da sua morte, Francisco, único pai seu depois de Deus, consolador do corpo e do espírito, primeiro a estabelecê-la na graça de Deus. Por meio de um frade fez chegar sua preocupação a Francisco. O beato Francisco, ouvindo isso, pois amava com amor paterno a ela e às irmãs, pela vida santa que levavam, e sobretudo porque, poucos anos depois de ter ele começado a ter frades, por ajuda divina e seguindo seu

conselho, ela se votara a Deus [...]. Francisco, porém, compreendia que o que ela desejava (isto é, vê-lo) não podia ocorrer no momento porque ambos estavam gravemente doentes. Assim, para consolá-la, enviou-lhe sua bênção por meio de uma carta e absolveu-a de qualquer transgressão, se porventura tivesse alguma, de seu mandato e do do Filho de Deus. Além disso, para fazê-la abandonar toda tristeza e consolá-la em Deus (não ele, mas o Espírito Santo nele), disse ao frade enviado por ela: "Vai e leva essa carta a Clara e dize-lhe para abandonar toda dor e tristeza por não poder me ver; mas que na verdade saiba que, antes de sua morte, tanto ela quanto as irmãs voltarão a me ver e terão grande consolação"[2].

Naquela noite, abre caminho no coração das irmãs a consciência de serem – junto com os companheiros – as únicas depositárias de seu mandato, ao qual deverão se manter fiéis até a entrega.

A jusante, naquela noite, os companheiros revolvem na alma as mesmas inquietações. Eles, que foram os primeiros a seguir Francisco, confusos e perplexos, quando começou a fazer penitência entre os caminhos acidentados dos Apeninos, intuem agora que a batalha mais dura ainda está por começar e dentro em breve não terão mais sua presença para lhes iluminar o caminho. Sentem, porém, que são partícipes de um grande privilégio; eles que, nos últimos anos, foram postos pelos frades doutores, pelos frades teólogos, pelos frades sacerdotes à margem da nova direção da Ordem, eles que foram acusados de fazer mal a Francisco com o imprudente apoio a seus excessos, eles que foram incriminados por tê-lo feito obstinado, insensato, intransigente, seguindo-o com cega aprovação num caminho demasiado rigoroso, eles que foram tachados de grosseiros, simplórios, incultos, são os únicos que Francisco quer a seu lado nesse último ato de sua vida terrena.

---

2. CompAss, 13, 43-45.

Esta é, enfim, a hora da verdade, aquela em que todo frade deve medir a fundo, dentro do coração, seu verdadeiro grau de proximidade com Francisco e com aquela Regra que escreveu para eles. Mesmo os frades que o contestaram duramente, que o combateram devido àquela sua pétrea obstinação no caminho da pobreza absoluta, nessa noite fatal, quando já se aproxima o falecimento, devem fazer o acerto de contas com sua figura.

Uma coisa, enfim, é certa: todos, nesse epílogo, gostariam de estar a seu lado, de alardear méritos especiais junto a ele, de assegurar para si o conforto de sua benção fraterna, mas somente a seus companheiros é concedido ouvirem suas últimas palavras e atenderem a suas últimas vontades.

Naquela noite, todas as três mil almas que residem no pequeno município de Assis velam, aguardam e repensam aquela história. É chegado o momento de redespertar as lembranças, de fazê-las sair das sinapses em que correm o risco de permanecer presas. Devem fluir, voltar à tona, retornar à vida, reconstruídas, vasculhadas para que não se apague nada. Todas essas almas estão cientes, naquela noite de 3 de outubro de 1226, de ser testemunhas da história. Aquela história que sempre se fez em outro lugar, em Roma, em Perúgia, além dos Alpes, mas que depois se apresentou pontualmente em Assis para apresentar suas contas, para impor seus jugos, aquela história, agora, está se fazendo em Assis e, mesmo que nem todos entendam claramente como e por que é aquele homem que está a fazê-la, todos têm clara ciência de serem suas testemunhas.

Depois de tanto falarem mal em Assis daquele filho fracassado de Pietro di Bernardone, todos agora veem claramente que o homem que está morrendo na Porciúncula é um santo, um justo, um homem que subverteu as lógicas que regulam o mundo, invertendo suas estratégias. Cada qual deve ter sentido – pelo menos uma vez na vida – o que significa opor-se àquelas lógicas, o que significa tentar manter-se de pé contra a enchente de um rio e depois soçobrar irremediavelmente.

E quem, após provar a força destruidora da enxurrada, teria a coragem de experimentar outra vez? De perseverar contra a corrente? Quem, após o primeiro impacto, teria a têmpera de se deixar arrastar outra vez? Quem, depois de experimentar a força do choque da primeira onda, teria a temeridade de abandonar, mesmo assim, qualquer refúgio e de renunciar a qualquer amparo? Quem poderia ser abençoado com um corpo capaz de permanecer exposto sem nenhuma defesa?

Esse corpo, agora eles o têm diante de si, o corpo de Francisco, um corpo martirizado; martirizado por dezoito anos de incessante pregação, de cuidados obsessivos pelo próximo, de atenção constante com o mundo, de privilégios rejeitados, de bens não gozados, de cuidados recusados, de necessidades ignoradas. Agora os companheiros saem do mosteiro levando esse corpo nos braços. Chegou a hora de providenciar suas últimas vontades: Francisco quer ser deposto na terra nua. E, mesmo habituados a se curvar a suas escolhas mais radicais, agora é desolador concordar com esse último pedido de ser deposto no chão frio e escuro. Agora que, minuto após minuto, seus membros se enfraquecem mais e mais, agora que, mais do que nunca, gostariam de mantê-lo aquecido, de envolvê-lo em tecidos macios, de protegê-lo contra o vento gelado que, naqueles primeiros dias de outubro, já sopra perfidamente do Subásio, é duro ceder à sua obstinação de voltar nu à terra nua.

No entanto, amá-lo significa sentir um aperto no coração e deixá-lo ir, assim como sentiram um aperto no coração todas as vezes em que, doente, ele pediu que o deixassem se privar do seu único manto, de seu único pão, de seu único cobertor. Amá-lo é fazer sua vontade.

Os lobos do Subásio estão inquietos, sentem que está acontecendo algo na planície; farejam, percebem com seu instinto ancestral. Dirigem os olhos famélicos para o vilarejo, a fim de entenderem melhor o que está agitando o mundo dos homens. Agora que os melros cantam inquietos à chegada da noite, corujas e mochos, imóveis no limiar do bosque, anunciam grande desventura. Talvez alguém continue a apertar sob a túnica as cartas que Francisco lhe escreveu, talvez alguém soluce, talvez alguém tente ainda arrancar-lhe uma última palavra, um último desejo, uma última bênção.

Com a chegada das sombras noturnas, o vento do Subásio, dono absoluto dos humores de Assis, intensifica-se. Sopra fazendo estremecem num longo farfalhar os ramos do mísero povoado, para intimidar os frades que se comprimem ao redor do companheiro moribundo. Precisa convencê-los a entregarem aquilo que veio buscar, devem deixá-lo partir: no monte, na encosta, no vale, devem deixar de retê-lo com suas preces, com suas lembranças vibrantes, com seu afeto obstinado, com sua teimosa recusa em se privarem de sua presença.

De mãos vazias, o vento dá meia volta, sobe ao monte, derrama-se sobre a cidade alta, espalha-se nas vielas estreitas, levanta redemoinhos de folhas que o incipiente outono desprendeu dos carvalhos já ressequidos, desce em espiral a San Damiano, bate à porta das irmãs em oração para intimá-las a não terem ilusões: o momento agora chegou. Então, sem encontrar mais obstáculos, retorna para a planície aberta, onde sopra com toda a sua potência retida na recente corrida e, por fim, consegue roubar aos frades seu bem mais precioso. A vela se apagou, o corpo é reconduzido ao mosteiro para a vigília noturna, o vento se aplaca e a cotovia alça voo no ar novamente sereno; tudo se cumpriu.

> No sábado à noite, depois das vésperas, anterior à noite em que o beato Francisco migrou para o Senhor, muitas aves, que se chamam cotovias, começaram a voar em baixa altitude sobre o telhado da casa onde ele jazia, girando em círculos e cantando[3].
> Depois de morto, tornou-se branco e sua carne ficou macia e se afigurava como que a rir; de modo que, após a morte, parecia

---

3. Ibid., 14, 46-47.

mais belo do que antes. Quem o olhava, encantava-se mais do que quando estava vivo, pois se afigurava como um santo que ria[4].

2. Seu corpo não será tocado

Na manhã de 4 de outubro, um cortejo de homens armados, sempre os mesmos, guiados pelas autoridades citadinas e religiosas, desce com a população para buscar Francisco e levá-lo novamente para cima.

O cortejo fúnebre percorre a subida, cegado pelo sol já alto além da colina. O estrépito das trombetas e dos tamborins se confunde com a desorientação geral do cortejo, que naquele estado de ânimo avança de maneira inevitavelmente heterogênea. A dor dos companheiros se faz muda, às vezes aturdida, por causa da longa vigília noturna e do vazio que parece surgir com seus contornos à luz do dia; os moradores de Assis hesitam, quase como se não tivessem igual direito de participar daquele cortejo. Os magistrados e o prefeito, por seu lado, gostariam de se tranquilizar e se preparar bem para a cerimônia, mas continuam presos em pensamento aos golpes que haviam sido tentados e aos novos que se anunciam pela frente. Quem poderá realmente garantir que o corpo de Francisco permaneça em Assis e não o levem embora por vontade de algum bispo, de alguma cidade ou do próprio pontífice?

O estandarte da cidade zune ao vento como um fantasma ensandecido; o cortejo, chegando à altura do hospital, desvia-se para a direita em direção a San Damiano, para cumprir outra recomendação de Francisco: que seus despojos mortais sejam levados a Clara e suas irmãs para um último adeus. Esse desvio, ninguém tem coragem de contestar, nem mesmo aqueles que tentaram no passado enfraquecer a ligação entre Clara e os irmãos. De fato, ninguém que tenha vivido em Assis nos últimos vinte anos ignora que Clara, Francisco e os

---

4. Ibid., 12, 40-41.

companheiros formavam um corpo único. Ninguém que tenha entrado em contato, mesmo que apenas marginalmente, com toda a sua história, pode negar tal evidência.

No adro do convento, Clara abraça aquele corpo amado. Finalmente pode desafogar a dor no pranto, sem controle nem disciplina. Este é o momento da comoção, e as autoridades civis e religiosas estão diante dela testemunhando que aquele homem também pertence de direito a ela:

> Ora, logo depois, à noite, Francisco morreu. Chegado o dia, todo o povo da cidade de Assis, homens e mulheres, e todo o clero tomaram o santo corpo do local onde havia morrido e com cânticos, hinos e pequenos ramos de árvore na mão levaram-no, por vontade divina, a San Damiano. Assim cumpriu-se o que o Senhor dissera pela boca do santo para consolar suas filhas e servas.
>
> Removida a grade de ferro da janela, através da qual as servas de Cristo costumam receber a comunhão e a palavra de Deus, os frades ergueram o corpo santo do estrado e o mantiveram nos braços junto à janela, por muito tempo, até que Clara e as suas irmãs encontrassem consolo, embora continuassem aflitas pela dor e pelas lágrimas, visto que, depois de Deus, ele era seu único consolo nesse mundo[5].

O cortejo então segue de San Damiano para a cidade e, pouco depois, detém-se diante da igreja de São Jorge.

É uma das menores da cidade, mas é a igreja paroquial de Francisco e se ergue encostada junto às muralhas, de onde uma sentinela no alto de um torreão poderá vigiá-la durante as horas noturnas.

O corpo é levado para a nave central. A caixa de madeira é colocada dentro de um sarcófago de pedra simples, de mármore travertino,

---

5. Ibid., 13, 44-46.

sem nenhuma decoração, mas revestido nos lados por algumas barras de ferro, lacradas por sinetes que não permitem nem mesmo aos próprios frades abri-lo sem prévia autorização papal.

Nenhum frade se sente ofendido por essas medidas, tomadas, em primeiro lugar, contra eles. Fora frequente no passado um pavoroso comércio de corpos; ainda está viva na memória coletiva a lembrança da quarta cruzada, quando turbas de soldados ensandecidos em Constantinopla fizeram um verdadeiro massacre de inúmeras relíquias, mostrando não ter nenhum respeito pelos restos dos mártires, desmembrados, destruídos ou postos a leilão. Mas o rito macabro de mutilar os corpos santos não fora prerrogativa exclusiva de mercadores e traficantes; difundira-se também entre o clero, a despeito das reiteradas proibições emitidas pelos pontífices, e, na época das grandes transferências dos mártires das catacumbas romanas, espalhara-se uma infinidade de relíquias.

Mas o fato de que isso ocorrera com os mártires, mortos aos milhares nos anfiteatros romanos, sepultados de maneira nem sempre facilmente identificável, tendo vivido em eras tão remotas que – em alguns casos – não era possível guardar qualquer lembrança, não iria perturbar muito os ânimos. Mas que isso pudesse ocorrer com Francisco, que acabava de morrer e ainda estava vivo no meio deles, não era nem remotamente concebível.

Quanto a isso, os frades da Porciúncula e os cidadãos de Assis formavam uma frente compacta; não se tocaria na mais ínfima parte de seu corpo; nunca, em nenhum relicário, em nenhum altar, em nenhuma cripta, jamais se encontraria a indicação: "Francesco de Ascesi"; seu corpo – depois da deposição definitiva – não seria mais conduzido em procissão à luz intensa e surreal dos archotes, ao som do emocionado cântico coral dos fiéis, exposto ao risco de possíveis intemperanças da multidão. Os fiéis jamais se amontoariam no deambulatório de uma cripta subterrânea para implorar sua proteção celeste. As pedras de sua tumba jamais se tornariam incandescentes às chamas de centenas de velinhas acesas, nem as paredes do seu sacelo seriam forradas por filas intermináveis de ex-votos, como ocorrera nos grandes santuários do mundo antigo e da cristandade. Ao corpo de Francisco não se pediria que engrandecesse com sua proximidade a sepultura de laicos abastados ou de prelados influentes; a ele as pessoas se dirigiriam não para obter graça, mas para mudar de vida.

3. Uma canonização instantânea

Passados apenas dois anos de sua morte, Francisco é proclamado santo.

Alguns decênios antes, ainda era possível que a Igreja de Roma aceitasse o culto de homens considerados santos pelo povo ou pelo clero local, sem prévia autorização papal. Desde o início do século, porém, a Cúria se reservara a prerrogativa de instituir procedimentos regulares, a fim de evitar que se ascendesse à glória dos altares pela simples "fama de santidade" ou por concessão de um simples bispo.

A Igreja agora queria verificar a santidade, partindo do pressuposto de que o candidato talvez não fosse idôneo. A tramitação a seguir se daria como um verdadeiro processo, seguindo o modelo dos procedimentos notariais: reunir-se-iam dados, provas e testemunhos, designando previamente os locais de audiência, onde os enviados pontifícios ouviriam os depoimentos dos indivíduos que – tendo conhecido o candidato – tivessem conhecimento de fatos notáveis sobre sua vida.

Avaliar-se-ia também se as testemunhas eram fidedignas e se seus depoimentos poderiam, pois, ser admitidos nos autos.

Assim, no caso de Francisco, nos meses anteriores à abertura do processo, realizou-se igualmente uma *inquisitio*, uma investigação, fase preliminar de reunião e análise dos testemunhos prestados – *in primis* – por seus companheiros; com base nessas respostas, o pontífice amadureceria sua decisão e redigiria a bula de canonização, documento por meio do qual sua inscrição no calendário hagiológico cristão se torna oficial e incontestável.

Muitos notaram que, no caso de Francisco, a *inquisitio* respeitou os procedimentos apenas formalmente, pois na prática Gregório IX já decidira proclamá-lo santo. Como norma, eram os *postulatores* que se dirigiam ao papa para pleitear a abertura do processo: um laico, um bispo, um abade, uma comunidade de fiéis, qualquer um poderia apresentar a solicitação junto à Cúria papal. Eram inúmeros os pedidos, longuíssimos os prazos de espera, pouquíssimas as respostas favoráveis. No caso de Francisco, porém, o procedimento se dera em sentido inverso; a solicitação não viera de baixo para alcançar os vértices da Igreja: quem ordenou a abertura do processo foi o próprio papa, Gregório IX, que conhecera pessoalmente Francisco e não alimentava a menor dúvida sobre sua excepcionalidade.

A tramitação processual, porém, impunha algumas precauções, como, por exemplo, a comprovação dos milagres. Sem milagres, nenhuma santidade seria possível. Assim determinara Inocêncio III, predecessor de Gregório: "Os méritos sem milagres ou os milagres sem méritos são insuficientes para atestar a santidade"[6]. Por isso, na bula da canonização, Gregório IX especifica que investigou não só os "traços singulares de sua vida", mas também o "esplendor de seus milagres"[7]. Alguns contemporâneos insinuam que, no caso de Francisco, Gregório sabe que se encontra diante de um homem que não possui milagres tradicionais – aquele tipo de milagre sobrenatural que ele está procurando –, mas, de todo modo, tem a intenção de lhe atribuir diversos *post mortem*. Há quem diga que sua pressa deriva da intenção secreta de utilizar sua figura para responder aos que pedem um retorno

---

6. Bolla di canonizzazione di sant'Omobono [Bula de canonização de Santo Homobono], in: HAGENEDER, O.; HAIDACHER, A. (org.), *Das Register Innocenz'III*, v. I, Graz- Köln, 1964, 762.

7. Bolla di canonizzazione di Gregorio IX [Bula de canonização de Gregório IX], *Mira circa nos*, in: *La letteratura francescana*, v. I, 256.

da Igreja à pobreza apostólica, mas não é verdade. A propaganda – como se sabe – não precisa de imagens autênticas para transmitir mensagens; bastam-lhe simples imagens para preencher a seu bel-prazer. Ademais, no momento da sua canonização, a história de Francisco já não é mais prescindível como nos tempos da primitiva *fraternitas*: naquela época, a Ordem contava poucas almas e poucos mosteiros espalhados na área centro-itálica, todos rigidamente fiéis ao modelo pobre da Porciúncula. Naquela época, a fraternidade dos Menores podia ser usada como exemplo pelos que quisessem levar a cabo uma escolha evangélica radical, mantendo-se na via da ortodoxia e da tradição católica. Naquela época, os frades constituíam uma alternativa concreta aos reformadores apocalípticos e aos ardorosos pregadores veementes que recendiam a heresias.

Agora, porém, tendo a Ordem se institucionalizado, transformando-se numa estrutura complexa com muitas almas, Francisco não parecia mais, longe de Assis, aquele fúlgido exemplo de autorreforma da Igreja e já se avolumava a multidão dos que acusavam os frades de hipocrisia, a quem culpavam de ostentar a túnica pobre e remendada e de aceitar depois, como os outros clérigos, cargos prestigiosos e cômodos privilégios. Avolumavam-se também as críticas contra os pregadores franciscanos, antes humildes e fraternos na abordagem, agora ríspidos e veementes como os piores fustigadores dos vícios.

Além disso, decorridos apenas dois anos desde a morte de Francisco, parecia insanável o conflito entre os frades que pretendiam se manter fiéis a seu *Testamento* e os que queriam dar-lhe as costas, e nuvens negras se adensavam no inquieto horizonte franciscano.

4. Francisco é proclamado santo

Em 16 de julho de 1228, uma procissão de cardeais e bispos, vestidos de branco como os vinte e quatro anciãos do Apocalipse, seguidos por uma fila compacta de sacerdotes, abades e frades, avança solenemente pelas ruas de Assis, servindo de sacro cortejo ao vigário de Cristo, refulgente no ouro de seus altos paramentos litúrgicos e, ao canto do *Te Deum laudamus*, detém-se finalmente no local preparado para a canonização.

Para permitir que a multidão presente assista à cerimônia, o pontífice determinou que o rito seja celebrado ao ar livre. Os moradores de Assis, apinhados, têm dificuldade em conseguir um pequeno ângulo de visão, mas não desistem de tentar. É a festa deles, Francisco é um deles: caminhou ao lado deles, comeu do mesmo pão, respirou o mesmo ar, pousou os olhos no mesmo horizonte aberto sobre o grande vale pré-histórico escavado pelo proto-Tibre.

A multidão dos peregrinos continua a afluir inquieta, e agora se comprime não para enxergar, mas pelo menos para ouvir as palavras com que o pontífice inscreverá Francisco na lista dos santos.

É a primeira vez que se celebra um processo de canonização em Assis e é a primeira vez que os moradores da cidadezinha úmbria podem verificar a real correspondência entre o título de "santo" e os efetivos méritos do indivíduo ao qual ele é atribuído; é a primeira vez que, *de visu*, poderão apurar se os testemunhos prestados pelas pessoas comuns serão realmente levados em consideração; é a primeira vez que aquilo que viram e ouviram pode realmente influir sobre as decisões de uma instituição poderosa e distante como a Cúria papal.

No início da leitura da longa e pomposa bula de Gregório, redigida de acordo com os ditames da chancelaria pontifícia, eles têm dificuldade em ver o homem nascido em Assis que todos conheceram. Permite-lhes entrevê-lo apenas em algumas poucas palavras: "depôs a bagagem das riquezas terrenas, conformando-se àquele que de rico se fez pobre"[8].

Somente essa citação – entre as várias escolhidas por Gregório – é capaz de redespertar nos circunstantes a lembrança do primogênito

---

8. Ibid., 256-259.

de Pietro di Bernardone, o qual, mesmo com os horizontes de glória e de privilégio que se abriam à sua frente, decidira se abrigar entre os mendigos da cidade.

5. Frei Elias e a tumba no Colle Inferno

Alguns meses antes da canonização, Gregório IX encarregou os frades de Assis de comprarem um terreno por conta da Cúria. Nesse terreno erguer-se-á uma grandiosa basílica, destinada a se tornar a nova tumba de Francisco.

Já aumenta o número dos que querem vê-lo, dos que querem se deter ao lado de seus ossos para respirar sua presença, a qual, mesmo aprisionada num cárcere de pedra, está ali e não alhures.

Frei Elias, a quem Francisco confiara nos últimos anos de vida a direção da Ordem, escolhe o local para a nova construção na encosta norte da cidade, uma zona denominada "Colle Infero", ou seja, colina inferior, mas também "Colle Inferno", em memória das execuções capitais que lá ocorriam anteriormente.

Agreste, coberto de mata, marginal, esse local parece corresponder plenamente à inquietude secreta de frei Elias, a quem também é confiado o encargo de angariar os fundos necessários para o início dos trabalhos. Gregório o auxilia com uma bula concedendo uma indulgência especial aos que financiarem a obra.

Alguns – poucos, na verdade – serão motivados pela promessa de Gregório de ganhar uma anulação da pena em troca do óbolo; outros – em número muito maior –, ao oferecer sua contribuição, pensarão com orgulho nas inúmeras pessoas que, subindo a colina nos anos vindouros, virão a lhes agradecer por terem possibilitado a construção dessa obra extraordinária.

Mas qual é a imagem de Francisco e da Ordem que Elias está construindo com aquela gigantesca basílica? Pois Francisco não lhe dissera que não queria casas de alvenaria para si e para seus companheiros? Como explicar, então, essa passagem da terra nua para o monumental canteiro do Colle Inferno? Elias está ciente dessa contradição?

Originário de Assis, ele fora um dos primeiros a se unir ao grupo de Francisco, poucos meses após a aprovação papal de seu modo de vida. Há também quem sustente que foi ele o misterioso companheiro com quem viram Francisco se afastar em oração, nos primeiros meses após sua conversão, quando ainda se movia incerto entre Assis e Subásio.

Nos dias anteriores à morte de Francisco, encontramos Elias entre os poucos companheiros mais fiéis, admitidos à sua cabeceira: é a ele que Francisco moribundo confia a direção da Ordem, é a ele que dirige uma de suas últimas bênçãos. Isso bastaria para que ele aparecesse como um frade acima de qualquer suspeita, um dos mais próximos companheiros e herdeiros de Francisco; no entanto, nos anos subsequentes à construção da basílica, ele se torna objeto de acusações gravíssimas, destinadas a manchar sua memória. Acusam-no os frades lombardos e norte-europeus, representantes do componente clerical e douto da Ordem. Censuram-no por favorecer os irmãos laicos, aqueles que, como Francisco e ele mesmo, nunca se tornaram padres; muitas vezes, as acusações assumem tons grotescos, tantas e tamanhas são as iniquidades que lhe atribuem. As queixas, por fim, são levadas ao papa e Elias é obrigado a se demitir. Os irmãos sacerdotes festejam na sombra: agora têm nas mãos o controle da instituição e, a partir daquele momento, poderão impor que somente sacerdotes assumam o cargo de gerais da Ordem.

Mas as perseguições contra Elias não cessam. Seus opositores não se contentam com sua expulsão de qualquer cargo; querem privá-lo de qualquer amparo, e o último que lhe é negado é a relação afetuosa e privilegiada que Elias mantém desde sempre com as irmãs de San Damiano. Seus inimigos o denunciam ao novo papa, que – tendo antes proibido que os frades entrassem nos conventos das irmãs sem autorização prévia – é obrigado a puni-lo novamente.

Com o ânimo pesado, o coração oprimido, Elias deixa Assis. Ao se afastar, não pode deixar de se virar e abraçar com um último olhar os lugares mais caros à sua alma, prometendo a si mesmo que voltaria: de barba e cabelos compridos a ponto de ficar irreconhecível, o capuz abaixado até os lábios, vez por outra ele voltará do exílio, para reencontrar as irmãs e os irmãos.

Premeditadamente ou não, seus adversários o isolaram – de sua terra e de seus amigos – a tal ponto que ele se vê obrigado a pedir acolhida junto a Frederico II, que nesses anos reside em Arezzo. Nos tempos em que era geral da Ordem, o papa lhe confiara importantes missões junto a Frederico e, como ocorrera com muitos de seus contemporâneos, o convívio com o grande inimigo de Gregório IX, em vez de lhe fortalecer a fé guelfa, despertara-lhe simpatias gibelinas.

A ideia de se pôr sob sua proteção, na situação já precária em que se encontra, com certeza não é boa; Elias provavelmente sabe disso, embora – evidentemente – considere não ter outra alternativa; o imperador fora excomungado pouco tempo antes, e buscar refúgio junto a ele apenas alimenta ainda mais seus detratores. Por uma espécie de efeito transitivo, de fato, o papa resolve excomungar a ele também. Cada vez mais amargurado, Elias por fim decide se exilar no eremitério de Le Celle, em Cortona, onde tantas vezes esteve com Francisco e onde poderá continuar a viver na lembrança do passado, até que a morte vem à sua procura em 1253, no mesmo ano em que se apresenta também em San Damiano, para chamar a si sua amiga e irmã espiritual, Clara de Assis.

Mas voltemos agora à basílica situada no Colle Inferno, pois, tomando como dado certo que as acusações movidas contra Elias não têm consistência nem fundamento – instrumentais somente por imposição da corrente da Ordem desfavorável a ele –, o fato de ter negligenciado seus deveres de geral para acompanhar diuturnamente o canteiro de obras, por sua vez, mostra-se inegável.

Com efeito, não escapa a ninguém que ele se lançara freneticamente a esse empreendimento, como que atormentado por uma absoluta premência, como que acuado pelas pressões de um obscuro comitente, como que obrigado por um secreto contrato de entrega, oprimido, ademais, pelo aumento incessante dos custos e pelos rombos contínuos no balanço.

O que aconteceu, então, a esse frade que – quando Francisco era vivo – nunca se eximiu de dobrar sua vontade à vontade de Deus, conquistando a plena confiança de um homem que não tinha qualquer brandura na hora de avaliar a conduta de seus frades? Durante anos dormiu na palha áspera junto com Francisco, durante anos comeu no chão nu os alimentos mendigados, durante anos remendou sua túnica até pano e remendo se tornarem indiscerníveis, fugindo do contato com o dinheiro como o dia foge da noite. Esse Elias após a morte de Francisco é, então, um homem que perdeu o juízo? Ou é apenas uma figura trágica, vítima de um contexto difícil, que os espectadores não conseguem decifrar?

Perúgia, passando por cima dos frades, pediu ao pontífice para acolher os restos de Francisco dentro de seus muros, para lhes garantir uma vigilância mais adequada. Vocifera-se por muitos lados que a modesta Assis não tem condições de gerenciar o aumento progressivo do número de peregrinos e não dispõe de espaço adequado para acolhê-los. Sussurra-se que nasceu um santo demasiado grande numa cidadezinha demasiado estreita para receber os efeitos de sua fama crescente.

Desarmar "as pressões" dos peruginos e dos que tencionam se apresentar com a pretensão de comandar o culto de Francisco – tal devia ser a preocupação secreta de frei Elias: por isso a necessidade de providenciar o rápido nascimento em Assis de uma igreja à altura das grandes basílicas cristãs, refulgente como o Santo Sepulcro, mas inexpugnável como o Castelo Sant'Angelo. Uma basílica capaz de desmascarar os falsos álibis dos que, a pretexto de querer oferecer a

Francisco uma sepultura mais digna, querem subtraí-lo a Assis e aos companheiros.

À luz de tais considerações, a construção dessa imponente basílica parece uma concessão que a consciência de Elias pode aceitar; por outro lado, no que se refere à sua conduta, ele continuará a viver até o último dia como Francisco lhe ensinou, sem reter para si uma única libra de prata e sem procurar nenhum abrandamento da Regra.

6. Uma tumba escondida

Em maio de 1230, a construção da basílica inferior enfim está suficientemente adiantada para permitir o translado do corpo de Francisco para seu interior. Faltam ainda as capelas laterais e o altar, mas o que preme Elias já está pronto: um sacelo escondido, cavado na rocha, três metros abaixo do presbitério.

A procissão, partindo de San Giorgio e avançando compacta atrás do féretro, é bruscamente detida diante das portas da basílica e o sepultamento se realiza apenas na presença de Elias e de alguns poucos homens de sua confiança. A milícia citadina barra o acesso à multidão desordenada dos moradores de Assis e dos mais de dois mil frades que acorreram de toda a Europa para assistir à deposição de Francisco na nova tumba. Os presentes, ao ter sua entrada proibida, reagem com ferocidade, provocando – na tentativa de forçar a barreira dos guardas – feridos e desmaios.

O papa – que não pôde tomar parte da função, mas que é imediatamente informado dos fatos – envia uma bula inflamada ao prefeito de Assis e a seus homens de armas, acusados de provocarem escaramuças e desordens com sua repentina decisão. Os frades de Assis também recebem ameaças de interdição, acusados de terem orquestrado premeditadamente o bloqueio das portas, segundo a milícia citadina.

Nos dias seguintes, uma delegação seleta de frades e conselheiros municipais deve se dirigir a Roma para justificar ao pontífice as medidas adotadas. Depois de um longo colóquio, o papa decide não dar seguimento às intimidações, mostrando-se persuadido pelas justificativas apresentadas: durante o cortejo, o desejo da multidão de roçar, tocar, pôr as mãos na caixa que continha o corpo de Francisco levara-os a temer o pior.

Já ocorrera em outros translados semelhantes que alguns forçassem o féretro para obter um pedaço de roupa, alguns cabelos, uma unha. Por isso Elias, em acordo com as autoridades municipais, providenciara essas medidas de emergência.

De todo modo, restava o fato de que, mesmo quando os peregrinos finalmente puderam, depois de alguns dias, entrar no interior da basílica, não era como a haviam imaginado. Ao longo dos meses de construção, muitos haviam pensado que era semelhante às grandes basílicas martiriais da cristandade, concebidas para permitir a maior proximidade possível entre o peregrino e o corpo do mártir. Mas aqui, onde estavam as escadas para descer à cripta subterrânea? Onde estava o deambulatório que permitia andar ao redor do corpo? Onde estavam os genuflexórios para as pessoas se recolherem em oração?

Que novidade era essa de aprisionar um corpo santo? Por que ninguém podia, exceto com prévia autorização papal, pousar a mão nas paredes do sacelo?

Se o papa por fim acreditara na boa-fé de Elias, seus opositores continuaram a suspeitar e a acusá-lo de ter agido com premeditação para impedir que se soubesse como ter acesso à tumba subterrânea. Era, na opinião deles, uma louca tentativa de Elias de manter Francisco só para si. Todavia, ao ocultar seu corpo, o próprio Elias se privara dele.

II

Uma biografia oficial

1. Salvar a memória e não o corpo

Enquanto Elias se empenha em defender o corpo de Francisco, enquanto Elias se inquieta no receio de que aquele corpo lhes seja tirado, os demais companheiros do grupo são atormentados pela urgência de salvar sua memória histórica e espiritual.

No fundo, a atitude de Elias e a atitude dos companheiros são iguais: um e outros querem cumprir sua tarefa natural de herdeiros. Mas os novos recrutas da Ordem, a nova guarda, já haviam iniciado as grandes manobras para lhes usurpar essa herança; há quem já tente desacreditá-los, há quem já pretenda minimizar seu papel de guardiães do *Testamento*; há quem já negue a predileção de Francisco por eles, a união e unidade profunda entre eles.

Para cada noviço que chega a Assis querendo conhecer pela voz deles a história de Francisco, há dez que negam sua função de testemunhas privilegiadas; há dez que prefeririam anular Assis e estabelecer a direção da Ordem em outro local; há dez que trabalham na sombra para lançar lama sobre os companheiros, sobre Clara, sobre as irmãs de San Damiano; há dez que fingem ignorar que, enquanto estiverem vivos, Francisco não morreu.

São eles os únicos a sentir a defesa da verdade histórica sobre Francisco como um dever, um dever, em primeiro lugar, em relação aos que virão: velar pela imagem que será transmitida, velar por aquilo que será entregue à história é uma tarefa à qual não pretendem renunciar.

O momento que acaba de se iniciar – quando se passará a estabelecer sua imagem histórica – é, além disso, mais importante do que toda a abundante graça que ele verteu nos anos de vida que chegaram ao fim. O grande número de pessoas que ele influenciou em vida é, de fato, infinitamente menor do que o número das pessoas que influenciará após a morte.

E quem será capaz de cantar essa vida? Quem poderá compreendê-la plenamente? E o que acontece com a memória de um homem quando seu biógrafo lhe é manifestamente inferior? E o que aconteceria com sua herança espiritual, se sua imagem fosse deturpada pela pena de um escritor incompetente?

2. A imagem oficial de Francisco

No dia seguinte à canonização, Gregório IX já está procurando um hagiógrafo que esteja à altura de redigir a biografia do santo que acabou de canonizar.

É necessária uma obra equilibrada, escrita num estilo ornado, digna de uma leitura coral no dia do aniversário de sua morte. Uma obra que voe acima dos ventos de guerra que se ergueram das várias correntes da Ordem mesmo antes de sua morte.

A essa biografia, denominada em latim *Vita*, seguir-se-á uma adaptação em versos, destinada ao Gradual, o grande livro para a missa cantada. E também se farão adaptações para o breviário dos frades, que devem celebrar a oitava, os sete dias seguintes à festa, durante os quais se lerão lições extraídas dessa *Vida*.

Uma biografia oficial

Lida, comentada, memorizada, salmodiada, sua história será levada do âmbito circunscrito da Itália central aos mais remotos cantos da cristandade. É isso o que significa ser canonizado: não haverá ordem religiosa, não haverá igreja paroquial ou catedral que, do ponto mais extremo da Escandinávia à última ramificação meridional da Península Ibérica, não ouça ressoar no dia 4 de outubro o eco da história ocorrida em Assis na língua comum de toda a Europa religiosa, o latim.

A prática não prevê critérios pré-estabelecidos para a escolha do hagiógrafo. Geralmente, quem assume a iniciativa é o postulante da causa de beatificação; move-o a intenção de fazer com que a comissão dê um parecer favorável à abertura do processo e, por isso, empenha-se numa biografia que exalte ao máximo os méritos e as virtudes do homem ou mulher que quer ver promovido à glória dos altares.

Para Francisco, porém, o curtíssimo prazo que precedeu sua canonização impediu que se chegasse à comissão com uma biografia já pronta. Além disso, como vimos, o procedimento seguiu em sentido inverso: neste caso, foi o pontífice que quis converter o pobrezinho de Assis em santo da Igreja católica e, portanto, cabe a ele a tarefa de apontar um possível biógrafo.

Precisa ser, sem dúvida, um religioso, alguém com capacidade de compreender seu horizonte de vida.

Se raciocinasse como ocorrera até então com os monges – que, como os frades, levam uma vida comum e regular –, recorreria a um irmão. No caso de santos oriundos do mundo monástico, sempre se escolhera o biógrafo dentro do próprio cenóbio, alguém que, tendo vivido anos ao lado do homem que se pretendia canonizar, pudesse invocar um conhecimento, se não íntimo, pelo menos aprofundado.

No mosteiro da Porciúncula, onde Francisco residiu durante a maior parte da vida, certamente havia um irmão que poderia realizar bem essa tarefa: trata-se de frei Leão.

Originário de Assis, Leão se unira ao grupo de Francisco antes de 1215, isto é, antes do ano da guinada, que leva a primitiva *fraternitas* espontânea a assumir os contornos definitivos da instituição religiosa.

Ele chegou por volta de 1209, logo após a aprovação oral do papa ao propósito de vida dos penitentes de Assis.

Ele é também um dos poucos frades sacerdotes da primitiva comunidade franciscana; foi ordenado sacerdote pouco antes ou, em todo caso, pouco depois da sua entrada na fraternidade. O fato de ser ministro do culto qualifica-o como bom conhecedor de latim, língua em que deve celebrar a missa; língua que, ademais, usa também para se comunicar com o próprio Francisco, o qual responde a suas cartas também em latim. E precisamente duas dessas cartas, ainda conservadas, indicam que ele era um de seus companheiros prediletos, pois se encontram entre os raríssimos autógrafos de Francisco.

Além de companheiro de primeira hora, ademais, ele é companheiro sobretudo da última hora, isto é, daquela fase solitária e dolorosa na existência do pobrezinho de Assis, durante a qual admitiu em seu convívio apenas pouquíssimos de seus companheiros.

Leão também foi o confessor pessoal de Francisco, e esse elemento, por ocasião de outros processos de canonização, foi considerado como fator preferencial para a escolha do hagiógrafo. Com efeito, o confessor conhece os estados de ânimo e os mecanismos psicológicos mais ocultos das almas que lhe são confiadas.

Há, por fim, um último dado que o qualificaria como perfeito hagiógrafo de Francisco: durante anos, é ele o escrevente da fraternidade, a quem Francisco se dirige para pôr no papel suas reflexões, admoestações e vontades finais. É ele o punho do santo agora cego, é ele quem redige, sob ditado, o *Cântico* do irmão Sol e as últimas admoestações a Clara, tão amargas e tão eloquentes.

Leão, ademais, sempre viveu na Porciúncula, quartel-general dos companheiros, de onde só se afastou por breves períodos.

Assim, se se tratasse de propor uma candidatura junto ao pontífice para escolher o hagiógrafo natural do pobrezinho de Assis, não há dúvida de que o primeiro fascículo a ser solicitado seria o seu. Provavelmente, nos dias que se seguiram à morte de Francisco, os irmãos e irmãs de Assis deviam crer que a escolha recairia sobre ele.

Uma biografia oficial

No outono de 1228, porém, quando foi anunciada a decisão do pontífice, foi muito diferente do que deviam ter imaginado. Na verdade, não se referia a nenhum dos frades da Porciúncula e, pelo contrário, designava um irmão de Abruzzo que passara na Alemanha os últimos onze anos anteriores à morte de Francisco.

Foi Tomás de Celano o irmão que, em lugar de frei Leão, recebeu o privilégio de ser designado como biógrafo oficial do pobrezinho de Assis. Também fora recebido por Francisco na Ordem, mas durante aquele fatídico ano de 1215, que vimos ser o ano da guinada do movimento, que deixa de ser um conventículo e assume os contornos rígidos de uma instituição religiosa. Tomás, portanto, não faz parte da primitiva *fraternitas* e, ademais, pouco depois de vestir o hábito, segue em missão voluntária para a Alemanha, de onde não conseguirá voltar nem mesmo para assistir à morte do fundador.

Os maledicentes insinuam que é precisamente essa aparente falha em seu currículo – a ter passado tantos anos longe de Francisco – que o fez candidato ideal. Na Alemanha, de fato, os ecos das tensões nascidas no seio da Ordem deviam lhe chegar atenuados; nem pôde assistir à marginalização de que Francisco e companheiros foram objeto, por obra dos novos recrutas da instituição franciscana.

Se, portanto, a escolha de Tomás se deu graças à sua distância de Francisco, é de se supor que a exclusão de Leão se deu pelo motivo oposto: sua excessiva proximidade.

Se a – tácita – exigência do papa é a de calar as tensões que ameaçam causar a implosão da Ordem e se, portanto, a biografia oficial do santo deve passar por cima dos últimos anos de vida de Francisco, parece evidente que a fonte de abeberamento não pode e não deve ser a Porciúncula. Ademais, Tomás mantém uma correta relação de proximidade com os companheiros de Francisco, aos quais nem é muito ligado, nem é muito distante. Seus dotes humanos e sua sincera adesão à Regra, de fato, permitem sua boa aceitação também entre as paredes de barro e palha da Porciúncula que, por vontade de

Francisco, continuou a ser, mesmo após sua morte, a expressão mais autêntica do franciscanismo original.

A sensatez da escolha – talvez realizada justamente para não parecer contrária ao grupo dos companheiros – não chegou a impedir, porém, que fosse vista em Assis como um desconhecimento oficial de sua função de herdeiros.

A impressão era, mais uma vez – como já ocorrera por ocasião dos últimos capítulos gerais –, que se pretendia colocá-los à margem e, mais uma vez, que sua exclusão de qualquer decisão sobre os destinos da Ordem decorria de alguma falha, de alguma deficiência deles. Sugeria-se, de fato, que tal exclusão dessa delicadíssima fase se devia à inadequação deles: modesta habilidade na escrita, compreensão provinciana da perspectiva histórica da Ordem, preparo teológico totalmente inadequado.

Em outras palavras, o que ressurgia em outra roupagem era aquela guerra surda – iniciada ainda em vida de Francisco – para atingir o núcleo duro de sua militância mais próxima. Insinuações, rumores, sussurros que, somados, deviam compor aquela aura de descrédito que muitos tinham contribuído para criar em torno daquele pedacinho de terra situado aos pés do Subásio, visto por uma parcela considerável da Ordem como incômoda pedra de toque.

Depois de finalmente digerida a escolha do pontífice, os companheiros de Assis, depois dos dias de desilusão, viveram os dias de expectativa confiante.

Com efeito, se não haviam sido chamados pessoalmente para testemunhar a história do Fundador, isso não significava que ele, Tomás, não iria cumprir bem sua tarefa. De todo modo, se era questão de recuar um passo para permitir a redação de uma obra mais digna do que a que eles poderiam redigir, recuariam, permanecendo à disposição para aquelas informações, aquelas lembranças, aquelas certificações que poderiam conferir fidelidade à obra do confrade. Recuariam, como lhes ensinara Francisco, sem levantar controvérsias em relação a ninguém: quanto a isso, a Cúria e a Ordem podiam ficar tranquilas. O que lhes importava – como demostraram a seguir – era ver a vida e o exemplo do amigo-mestre representados em seus verdadeiros contornos, e não as amargas disputas surgidas entre os frades antes de sua morte.

3. Uma amarga desilusão

Tomás, durante a composição da obra, teve de ir a Assis para falar com os companheiros e lá residir por algum tempo; não o suficiente para realizar uma investigação exaustiva se, como veremos, os companheiros vierem a narrar – quinze anos mais tarde – fatos que "certamente aqueles veneráveis homens, que escreveram as lendas, se soubessem essas coisas, de forma alguma iriam negligenciá-las"[1].

De todo modo, abastecido com as muitas ou poucas informações que lhe pareciam necessárias, Tomás retorna para sua nativa Marsica, onde dá início ao trabalho.

Escreve de um fôlego só. O Tomás da *Vita Prima* é jovem, animado de vigor e entusiasmo. Não raro passa da exaltação à desilusão com os frutos do trabalho que lhe parecem ora bons, ora maus, mas destinado a confinar uma vida excepcional nos limites estreitos da palavra.

O que o preocupa é também a consciência do enorme público a que se dirige seu trabalho: os moradores de Assis aguardam ansiosamente o resultado, querendo ver em letra impressa a história ocorrida na ramificação setentrional do vale de Spoleto, história essa que os enche de compreensível orgulho; aguarda-o Gregório IX, que assumiu pessoalmente a responsabilidade da canonização e agora pretende prestar contas de sua velocíssima decisão; aguardam-no as irmãs e os

---

1. Lettera di Greccio [Carta de Greccio], in: *Fontes franciscani*, 1373-1374.

companheiros úmbrios de Francisco, cuja preocupação maior se refere àqueles homens e mulheres que querem usar o hábito. Os frades sempre foram a preocupação constante de Francisco, os frades agora são a preocupação constante dos companheiros. Com efeito, começa a aumentar o número dos que chegam à Porciúncula para visitar os locais onde ele viveu, ansiosos em encontrar fundamento numa história que está se propagando de Assis como uma onda.

Leão não pode continuar a relatá-la, é numeroso demais o público que pede informações, que quer ver e conhecer: é necessário um livro de onde possam extrair a história. Os frades de Porciúncula têm clareza, portanto, sobre o que esperar da biografia de Tomás. Ela não deverá recorrer a artifícios retóricos que escondam em vez de patentear a verdade. Os jogos estilísticos não se prestam para transpor em prosa a vida de Francisco. Para enfrentar sua biografia, é preciso um grande rigor filológico: uma estátua de Apolo diante da saída de Porciúncula ficaria destoante; do mesmo modo, a ênfase de Cícero ficaria estridente a serviço de uma vida que pretendeu reduzir toda comunicação verbal ao estritamente indispensável.

O uso literal da palavra e o exame de sua utilização essencial haviam constituído uma das recomendações mais frequentes de Francisco aos seus frades:

> Todos os frades esforcem-se em manter o silêncio, na medida em que o Senhor lhes der essa graça [...] e mostrem com as obras o amor recíproco, como diz o apóstolo João: "não amem com as palavras ou com a língua, mas por meio das obras e da verdade". E que não falem mal de ninguém, e não murmurem, não caluniem os outros [...] e sejam modestos, mostrando cada um a maior brandura em relação a todos os homens; que não julguem e não condenem[2].

---

2. Regola non bollata [Regra não bulada], 11, in: *Letteratura francescana*, v. I, 26-27.

Apesar do peso das múltiplas expectativas, Tomás leva adiante o encargo como uma graça, uma honra que não buscara, mas que apreciara extremamente. Como todos os hagiógrafos, ele sente o inebriamento do demiurgo, sabe que o que escrever será destinado a veicular a imagem de Francisco nos séculos, talvez por cem, talvez por duzentos anos, talvez mais.

Será ele a escolher os detalhes, o pano de fundo, os traços distintivos do retrato de Francisco que será entregue às gerações futuras. A responsabilidade é enorme, mas a possibilidade de operar essa seleção é suficiente para lhe dar o impulso para trabalhar. Atende à tarefa com escrúpulo, seleciona as notícias fornecidas pelos companheiros e as apresentadas durante o processo de canonização, mas, acima de tudo, relê e estuda as hagiografias dos grandes santos, de Agostinho a Martinho de Tours. Quer que sua grandeza ressoe nas notas da biografia, não para se elevar ao nível dos grandes escritores do passado, mas para permitir que a fama de Francisco se iguale à dos maiores testemunhos da fé cristã.

Assim que termina a obra, em fevereiro de 1229, envia-a confiante à Cúria e espera com ansiedade o juízo sobre um trabalho que absorveu durante mais de dois anos todo o seu espírito, até seus menores elementos.

A resposta é devastadora: as reações péssimas, a desilusão geral.

Tomás fica petrificado, censura-se pelo ingênuo estado de ânimo dos meses anteriores quando – durante a redação da obra – esperara receber aprovação e reações proporcionais a seu esforço. Somente agora percebe que estava inocentemente pisando sobre ovos, movendo-se entre tensões subterrâneas e correntes opostas, dirigindo-se a leitores para os quais a definição da imagem de Francisco se tornara questão vital.

Os moradores de Assis, em primeiro lugar, mostram-se ferozes detratores da sua biografia e talvez, no caso deles, Tomás devesse esperá-lo; descrevera-os como pessoas rudes e cobiçosas, entre as quais, por acaso ou por vontade divina, distinguira-se Francisco, que se elevara em espírito na mesma proporção em que soubera se afastar de suas fileiras:

> [Francisco] era mercador prudente, mas por vaidade generosíssimo; era, ademais, muito benévolo, muito afável e condescendente, ainda que contra seus próprios interesses. Como por esse motivo muitos o seguiam, inventando males e instigando delitos, assim cercado pelas fileiras dos maldosos marchava nobre e magnânimo, caminhando pelas praças da Babilônia, até o momento em que o senhor o olhou do alto dos céus[3].

Além disso, os moradores de Assis sempre haviam nutrido profunda desconfiança por aquele frade vindo de fora.

Desde o início haviam-se revoltado contra a decisão tomada pela Cúria de escolher um biógrafo forasteiro, alguém que, ademais, não fizera parte do grupo dos companheiros. O que poderia saber Tomás – que ficara no máximo algumas semanas em Assis – sobre Francisco, homem tão profundamente ligado à sua terra?

O fogo "jucundo e robusto e forte" que Francisco chamara de irmão era aquele que aquecia as noites de inverno de Rivotorto, quando o frio cercava as cabanas de madeira dos frades. A água que definira como "preciosa e casta" era aquela rumorosa e cristalina do Chiascio, que corria veloz no sopé do Subásio. As estrelas "claras e belas" eram aquelas que nas vésperas apareciam luminosas e trêmulas no céu aberto do vale úmbrio. O vento era aquele que no verão acariciava as folhas dos choupos da Porciúncula, fazendo-os bruxulear de prata.

O espetáculo da harmonia da criação que se refletia na natureza imóvel da planície úmbria e nos bosques umbrosos da dorsal apenina,

---

3. CELANO, Tomás de, *Vita Prima,* 1, 34-37.

que corriam a seu lado, mais de uma vez havia sugerido a Francisco a bondade do Ordenador celeste e seu amor pelas criaturas.

Como podia um frade que interiorizara a transcendência por outras vias e com outras imagens entender a influência decisiva que esse horizonte material e espiritual exercera sobre Francisco?

Confirmando os preconceitos do povo em relação àquele frade vindo de fora, Tomás não soube captar a relação de profunda comunhão existente entre Francisco e a região úmbria nativa, a qual, muito pelo contrário, ele comenta como se fosse uma ligação juvenil e fútil, que se esgota logo após a conversão:

> um dia [Francisco] saiu e começou a olhar com maior atenção a região circunstante, mas a beleza dos campos, a amenidade dos vinhedos e tudo o que havia de aprazível à vista não lhe davam mais nenhum deleite; espantava-se com sua repentina mudança e reputava como tolos todos os amantes daquelas belezas. Desde aquele dia ele começou a perder valor a seus próprios olhos e nutrir desprezo por tudo o que admirara e amara. Contudo, não era plena e verdadeiramente que desprezava o que antes amara, porque ainda não removera por completo as amarras da vaidade e não se libertara do jugo de sua perversa escravidão[4].

Para melhor traçar a distância entre Francisco e sua cidade, os jovens locais são descritos como depravados que passam o tempo a "sujá-la" com ocupações contrárias ao espírito, e mesmo os pais de Francisco são associados a um estilo de vida degradado e corrupto:

> Francisco desde os primeiríssimos anos de vida foi educado pelos pais com soberba segundo a vaidade do mundo; e ainda mais

---

4. Ibid., 2, 38-39.

vão e soberbo tornou-se, tomando por muito tempo a miserável existência e costumes dos pais como exemplo.

Esse péssimo hábito tem-se desenvolvido por toda parte entre aqueles que se consideram cristãos, e esse pernicioso ensinamento, quase como lei comum, a tal ponto tem-se consolidado que, desde o berço, os pais se esforçam em educar os filhos de maneira dissoluta. De fato, tão logo começam a falar, ou melhor, a balbuciar, ensinam-se aos recém-nascidos com gestos e palavras coisas torpes, se não execráveis; e, quando chega a hora do desmame, são induzidos não só a falar, mas também a realizar atos repletos de lascívia e dissolução. Nenhum deles, pelo temor típico da idade, ousa comportar-se honestamente, pois estaria sujeito a severos castigos [...]. Esses são os deploráveis ensinamentos em que esse homem, que hoje veneramos como santo, como ele o é realmente, viveu desde a infância até quase o vigésimo-quinto ano de idade, dissipando tristemente seu tempo[5].

Nas hipérboles de Tomás, a meiguice e a solicitude da mãe de Francisco desaparecem e minimiza-se sua oposição ao marido para defender e apoiar o filho. Aqui sua figura, muito positiva, perde a identidade, confundindo-se com a de Pietro di Bernardone, aliás representado mais como um mercador mundano e hedonista do que como o pai-patrão descrito pelos companheiros.

Como forasteiro, Tomás tampouco leva em conta que essa biografia será lida também em Assis, na catedral ou na pequena igreja de São Jorge, no dia do aniversário da morte de Francisco, quando, cantando a grandeza do filho, celebrar-se-iam também as misérias espirituais dos pais e a mesquinhez dos conterrâneos.

Jamais um companheiro de Francisco maltrataria publicamente a figura de Pietro di Bernardone, sobretudo porque, subindo à cidade

---

5. Ibid., 1, 34-35.

para mendigar, teria sentido pelo menos uma vez um aperto no coração, ao ver seus olhos prematuramente envelhecidos procurando de modo instintivo o perfil do filho ao lado do companheiro e a amargura de não o encontrar. Quem tivesse a desventura ainda maior de encontrá-lo estando com seu filho ao lado não deixaria de ver a dor que o encontro causava na carne do próprio Francisco.

Nenhum deles se encarniçaria contra aquele par infeliz de pai e filho, e tampouco nenhum deles deixaria de ter um leve sentimento de culpa em relação a Pietro di Bernardone. Quantas vezes Pietro tivera de lhes abrir a porta de casa, quando, ainda adolescentes, iam em busca de Francisco? Quantas vezes se detivera a gracejar com eles, na ilusão de encarregá-los de uma missão especial: cuidar do filho em sua ausência? E eles, pelo contrário, em vez de protegê-lo das insídias e perigos que sua própria natureza atraía, haviam alimentado sua loucura, uma loucura que decerto teria se abrandado se não encontrasse incentivo. Com efeito, se tivessem se alinhado com ele, se não o tivessem deixado só, certamente Francisco não teria perseverado naquele absurdo projeto de vida.

Assim, o horizonte sombrio em que Tomás encerra a juventude de Francisco, para melhor ressaltar sua conversão, avilta injustamente uma comunidade inteira. Tomás esquece as nobres mulheres de Assis que, como Clara, desde o início haviam velado por aqueles jovens que trabalhavam incessantemente em San Damiano, enviando-lhes roupas e alimentos; e quantos haviam doado uma pedra para os canteiros abertos por Francisco e esmolas para os abrigos dos leprosos. Da biografia de Tomás estão ausentes os diversos sacerdotes – como o de San Damiano ou de San Rufino – que o ajudaram no início, depois o abrigaram e, por fim, mudaram de vida junto com ele. E mães, irmãs, irmãos, primos e primas que haviam abandonado suas casas seguras e aquecidas para se unirem nos pobres abrigos organizados por Francisco.

Tomás descreve um indivíduo que se torna santo contra sua cidade, enquanto na realidade, que Assis bem conhecia, fora uma comunidade inteira, uma geração inteira que, passo a passo, renovou-se nas pegadas de Francisco.

Da biografia também está ausente, por falta de suficiente contato de Tomás, a alegre atmosfera do vilarejo tranquilo da Porciúncula, margeado por campinas verdejantes, pelas hortas cuidadas e produtivas, por bosques generosos em frutos e caça e pelos vinhedos suculentos de Rieti, os camarões de frei Gerardo e as ervas aromáticas da cozinha de frei Ginepro; está ausente a cumplicidade dos companheiros apoiando as decisões cada vez mais "loucas" de Francisco; estão ausentes seus atos impulsivos de generosidade, o afeto genuíno pelos que o procuram com suas privações, os gestos de súbita felicidade quando consegue descobrir soluções que atendam a suas necessidades, espirituais e materiais, a cuidadosa atenção com que ouve suas solicitações, as respostas precisas a seus pedidos, nunca repetidas, sempre ditadas por um impulso do coração, sempre talhadas na medida exata do interlocutor.

A retórica de Tomás, ademais, acaba também por aplainar os episódios narrados pelos próprios companheiros, que narra com diligência, mas dobrando-os à sua pena e tornando-os irreconhecíveis aos ouvidos deles, habituados ao estilo conciso e essencial de Francisco. Ao leitor, basta ver a comparação entre episódios narrados por um ou pelos outros, em particular o encontro com os leprosos narrado pelo próprio Francisco:

> O Senhor concedeu a mim, frei Francisco, assim começar a fazer penitência, pois, estando eu em meus pecados, parecia-me coisa amarga demais ver os leprosos; e o próprio Senhor me conduziu a eles e com eles usei de misericórdia; e, afastando-me deles, o que me parecia amargo se transformou para mim em doçura de alma e de corpo. E depois, parei um pouco e deixei o mundo[6].

---

6. Testamento di Francesco [Testamento de Francisco], in: *La letteratura francescana*, v. I, 220-221.

Mas quando já por graça e por virtude do Altíssimo começou a ter pensamentos saudáveis e santos, enquanto ainda estava no mundo, certo dia encontrou um leproso e, tomando coragem, aproximou-se dele e o beijou. A partir daquele momento começou a desprezar-se cada vez mais, até chegar, pela misericórdia do Redentor, à completa vitória sobre si mesmo[7].

Note o leitor, porém, que não é apenas uma questão de estilo, de ênfase, de retórica. O santo descrito por Tomás verga sob o peso da armação por detrás dele, um clichê tradicional, todo composto em claro-escuro, com profundos abismos e sublimes perfeições:

Orando banhado por uma chuva de lágrimas suplicava continuamente ao Senhor que o libertasse das mãos dos perseguidores de sua alma e atendesse com benigno favor a seu devoto desejo; no jejum e no pranto implorava a clemência do Salvador e, desconfiando de suas capacidades, depositava no Senhor toda a sua confiança[8].
Assim, portanto, preparado o beato servo do Altíssimo e confirmado pelo Espírito Santo, pois chegara o tempo estabelecido, segue o feliz movimento da alma pelo qual o abandono da vaidade do mundo conduz ao verdadeiro bem. Aliás, nem lhe era possível adiar mais, pois a fatal doença já se difundira tanto por toda parte e a muitos já paralisara os membros que, por menos que o médico se atrasasse, mataria a todos eles sufocando a respiração[9].

No perfil desenhado pelo frade de Abruzzo, os companheiros não conseguiam reconhecer a si mesmos nem a imagem do amigo e mestre, de quem se sentiam guardiães e herdeiros.

---

7. CELANO, Tomás de, *Vita Prima,* 7, 58-59.
8. Ibid., 5, 48-49.
9. Ibid., 4, 44-45.

Em sua pena, sugestionada pelas hagiografias clássicas, o Francisco que se despe diante do pai é o noviço das *Instituições cenobíticas* de João Cassiano, o beijo entre Francisco e o leproso é uma transposição do de Martinho de Tours narrado por Sulpício Severo, a juventude depravada é a de Santo Agostinho, o estilo ecoa Cícero, o tom moralizante é o de Sêneca, mas que em Tomás torna-se pedante e, com suas contínuas notas de censura ou aprovação, não alcança a profundidade de seu modelo.

Para os companheiros, devia estar claro que, por mais que Tomás tivesse trabalhado de boa-fé naquele retrato, sua premência não coincidia com a deles. Tomás, de fato, acabara por cair na armadilha da vaidade. Comportara-se como um colegial recém-formado, querendo mostrar que aprendera bem as regras do *cursus* e da retórica e que sabia citar as Escrituras e as grandes obras da literatura cristã. Como dissemos, o Tomás da *Vita Prima* é um frade jovem, um frade que nunca teve encargos de relevo e, de repente, vê-se incumbido pela Cúria pontifícia de uma imensa tarefa. Instintivamente, reage tentando se mostrar à altura da tarefa que lhe foi confiada, enganando-se, porém, sobre os motivos que levaram o pontífice a escolhê-lo.*

4. A insatisfação de Gregório IX

A decepção do próprio comitente deixa claro para Tomás que não fora escolhido pelo estilo de sua prosa; Gregório queria que se apresentasse um santo adornado de muitos milagres. Os milagres calariam os detratores da canonização, que há tempos o acusavam de mostrar especial predileção pelo penitente de Assis.

Muitos na Cúria censuravam-lhe a excessiva rapidez dessa canonização, rapidez essa que podia sugerir que sua avaliação não fora suficientemente lúcida e ponderada.

Um ato impulsivo não favorecia a difícil tarefa de avaliar, caso a caso, se tal pronunciamento era oportuno para a Igreja. Era desejável levar em conta que toda canonização abria caminho para outras possíveis canonizações. A história cristã estava repleta de homens que haviam devotado a vida a Deus, escolhendo uma via acidentada, pavimentada de pobreza e de penitência; por toda a Europa encontravam-se precursores, análogos ou êmulos de Francisco. A Igreja não podia canonizar cada devoto, abade, padre ou eremita que tivesse decidido seguir o Evangelho ao pé da letra.

Assim, era preciso ter cautela na canonização: com efeito, havia muitos que a pediam apenas para enobrecer sua própria cidade, sua própria diocese, sua própria família ou ordem religiosa.

Gregório, porém, era de temperamento impulsivo, uma daquelas personalidades pouco propensas à via da moderação. Era rápido no amor tanto quanto na ira, como demostravam suas inúmeras e imprudentes excomunhões.

No caso de Francisco, tinham razão os que lhe censuravam uma inconteste admiração, que o levara a se tornar protetor da Ordem desde os tempos em que ainda era um simples cardeal. Já naquela época, mostrara que se preocupava com a comunidade da Porciúncula, que queria protegê-la de todas as formas e contra todas as suspeitas, que desejava fazer o possível para que não houvesse um desvirtuamento de seus propósitos de vida.

Cinco meses após a morte daquele frade a quem amara sinceramente, vira-se na inesperada e propícia situação de ser eleito papa e, assim, poder inscrever Francisco no catálogo dos santos, isto é, convertê-lo num símbolo da Igreja, ao mesmo tempo tornando sua Ordem inatacável.

Apenas diante da insatisfação de Gregório é que, finalmente, Tomás também compreendeu por que os companheiros haviam sido descartados. Tratava-se de sua palpável indisposição em transformar Francisco num santo taumaturgo. Elias, como vimos, chegara a "esconder" o corpo de Francisco; não temera incorrer na ira do papa e dos confrades para subtraí-lo à devoção idólatra da multidão, fazendo-o ser tragado pela escuridão silenciosa da monolítica rocha do Subásio. Não por acaso, era muito mais fácil obter um relato de fatos de vida de Francisco do que a comprovação de inesperados milagres.

Se por milagre entendia-se saber entrar na alma das pessoas e trazê-las de volta à vida, se por milagre entendia-se a força misteriosa de um amor salvífico, se por milagre entendia-se a capacidade de uma alma pacificada e receptiva em prever os eventos que de lá viriam, então os próprios companheiros podiam se dizer fanáticos pelo sobrenatural. Mas a casuística das curas ocorridas, dos perigos superados, das mortes evitadas rebaixaria aquela ideia mais complexa de milagre de que eram fervorosos discípulos. Mesmo para eles, o milagre era um evento que rompia a ordem natural das coisas; mesmo para eles, o milagre era uma ocorrência que não podia ser racionalmente explicada; mesmo para eles, o milagre fazia parte daquela "espera certa da glória futura". Mas, para se tornarem protagonistas, destinatários, beneficiários desse milagre, era preciso antes mudar de vida. Fora isso que Francisco havia pregado durante dezoito anos, até a exaustão de suas forças, até o esgotamento de toda a sua energia vital restante: encontrar a coragem de mudar de vida, de tentar aquele salto, de se desvincular, de se separar, de escapar à morte rendendo-se, enfim, à vida.

Gregório, porém, cometia o erro habitual de crer que só era possível despertar a veneração por um santo pela fama de muitos milagres surpreendentes. Os companheiros haviam demonstrado várias vezes que o que Francisco conquistara, do Marrocos à Alemanha, de Split a Sevilha, era sua proposta de vida, mas, acostumado a se mover entre os falcões e as serpentes da Cúria, Gregório não confiou em fazer tal aposta e, em lugar dela, preferiu jogar a carta habitual da demonstração do favor divino.

Os milagres eram capazes de iluminar a predileção não mais de Gregório, mas sim de Deus em relação a Francisco, calando – de bom ou mau grado – qualquer tentativa invejosa de desacreditá-lo ou de reivindicar o mesmo privilégio da santificação para seus próprios patronos pessoais.

Para Gregório, portanto, o problema não consistia em ter sido apropriado ou não recorrer à retórica de Cícero ou às confissões de Santo Agostinho para engrandecer Francisco; para ele, o essencial era mostrar que o Todo-Poderoso se aprouvera em Francisco e que para ele, sucessor de Pedro, não restara outra alternativa a não ser oficializar uma santidade já evidente.

Mas Tomás, pelo contrário, mostrara-se reticente precisamente sobre esse único ponto que tanto lhe importava: evitara descrever Francisco como taumaturgo, mencionando apenas os cerca de quarenta milagres já conhecidos, lidos por ocasião da canonização, e ainda por cima relegando todos eles à terceira parte, a mais curta, de sua obra, quase como se fosse um corpo estranho a seu tratado.

5. A reação dos frades doutores

Outro setor insatisfeito com a obra de Tomás foi também aquela corrente da Ordem – definida como "padano-norte-europeia" –, que se diferenciava não só geograficamente da centro-itálica. Com efeito, era composta por uma maioria de frades sacerdotes e caracterizada pela presença maciça de teólogos, que pressionavam por um abrandamento da Regra, a qual lhes impedia a posse de livros e a dedicação exclusiva aos estudos, sem a obrigação daqueles trabalhos manuais previstos para todos os frades, sem distinção de títulos e funções. Essa ala da Ordem, consequentemente, vivia a mitificação da figura de Francisco como uma constante censura à sua própria conduta pessoal e a celebração das origens franciscanas como um obstáculo ao processo de institucionalização da Ordem por ela defendido.

Tomás, como dissemos, não pertencia ao grupo dos companheiros, mas tampouco a essa corrente, que estava disposta a sacrificar o próprio Francisco no altar da mudança. Aliás, em sua biografia, chama-a em questão, sem esconder a amargura do último Francisco diante desses frades demasiado amantes dos estudos e, por isso, avessos aos trabalhos manuais, intimamente convencidos de que a ciência de Deus era apanágio de uma minoria de eleitos.

Tomás condena a oposição a Francisco como uma vergonha, como uma mácula que está debilitando toda a Ordem; recusa-se também a lhes reconhecer uma posição ideológica, apresentando, pelo contrário, suas ações como um vil afogamento no mar de sua mesquinharia, de sua tacanhez, do ressentimento pessoal, da insana inveja e do feroz desejo de protagonismo.

> Vira como o comunicar tudo a todos se torna um grande mal, e como não pode ser homem espiritual aquele que não tem segredos de alma mais profundos e numerosos do que aqueles movimentos espirituais que se leem no rosto e que os homens podem julgar à primeira vista. Compreendera, de fato, que alguns aparentavam concordar com ele, mas interiormente discordavam; aplaudiam-no pela frente, mas pelas costas zombavam dele, arrogavam-se o direito de julgar e lhe haviam insinuado suspeitas sobre pessoas honestas. Com efeito, muitas vezes a malícia se empenha em desacreditar a pureza; e, como mentir é vício comum a muitos, não se acredita nos poucos sinceros[10].

6. Os companheiros começam a escrever

A biografia de Tomás, embora decepcionante, foi por muitos anos a única biografia oficial de Francisco, visto que durante trinta anos Tomás continuou a ser a única fonte para reescrever ou atualizar sua obra.

---

10. Ibid., 96, 182-183.

Uma biografia oficial

Extraoficialmente, porém, foi preciso começar a trabalhar numa outra imagem de Francisco, uma imagem mais sóbria, que eliminasse o nanquim da altissonante retórica do hagiógrafo de Abruzzo. Era uma imagem que, provavelmente, vinha sendo transmitida desde sempre no interior da memória franciscana, mas que só a determinada altura encontrou ocasião favorável para se revelar, o que, como sucede com frequência, foi-lhe ao mesmo tempo propício e fatal.

Deu-se em 1244, quando – já transcorridos dezoito anos desde a morte do pobrezinho de Assis – um novo geral da Ordem, Crescêncio de Jesi, deu início a uma investigação sistemática sobre Francisco.

Se a investigação que precedera a abertura do processo de canonização fora superficial e apressada, a nova, determinada por Crescêncio, foi, pelo contrário, acurada e minuciosa. A determinação encaminhada aos frades foi a de vasculhar todos os cantos de seus mosteiros, para que não se perdesse nada daquela história: lembranças pessoais, anotações, documentos, milagres, cartas particulares. Crescêncio também precisou levar em conta o fato de que o grupo dos companheiros estava envelhecendo e já começava a diminuir, como demonstrara a morte, apenas alguns anos antes, de Bernardo di Quintavalle, primeiro companheiro de Francisco.

Com seu desaparecimento, começariam a faltar muitos preciosos testemunhos que já deviam circular dentro dos mosteiros, mas sem transpor seus muros. Assim, era necessário reunir os depoimentos de quem estivera com ele, de quem conhecia fatos e ditos inéditos, desconhecidos fora das redondezas de Assis, e trazê-los à atenção de todos numa nova biografia oficial.

O autor escolhido para redigir o novo texto foi mais uma vez – e isso é realmente surpreendente – Tomás de Celano. É surpreendente porque a iniciativa de Crescêncio pretendia expressamente chegar a um novo perfil do santo, deixando de lado a velha biografia, mas – assim deve ter pensado Crescêncio – Tomás era talvez o único capaz, como já demonstrara no passado, de harmonizar as duas almas da

Ordem, desenhando um Francisco que – no fundo – podia ser aceito tanto pela velha guarda dos companheiros quanto pela jovem guarda dos frades sacerdotes e doutores.

Em todo caso, o que se pediu dessa vez a Tomás não foi se conduzir como um verdadeiro autor, mas como simples compilador: limitar-se-ia a transpor para uma obra coerente o material heterogêneo enviado pelos frades. Seu trabalho, portanto, se manteria subordinado à investigação que então se iniciara, visando a salvar do esquecimento todos os traços de seu Fundador.

Entre os que responderam à ordem do geral encontramos três dos companheiros mais próximos de Francisco, que enviaram a Crescêncio o material solicitado, acompanhado por uma carta, datada de Greccio, a 11 de agosto de 1246, que apresentamos aqui num excerto para que o leitor entenda melhor qual devia ser o tom do testemunho:

> Como por vossa ordem, no passado último capítulo geral, todos os frades são solicitados a encaminhar à vossa paternidade os sinais e prodígios do beatíssimo nosso pai Francisco que conheçam ou possam obter, pareceu a nós que, embora indignamente, vivemos com ele por muito tempo, devermos relatar com verdade à vossa paternidade alguns dos muitos fatos de suas gestas que presenciamos pessoalmente ou que outros santos frades puderam conhecer [...].
>
> Tampouco queremos relatar apenas os milagres, os quais mostram, mas não fazem sua santidade, mas desejamos mostrar também as coisas dignas de nota de sua santa vida e a natureza de seu pio conselho, em louvor e glória de Deus supremo e do referido pai nosso santíssimo, e para edificação de quem quiser seguir seus passos. Essas coisas não escrevemos à maneira de lenda, como nas passadas lendas já compostas sobre sua vida e sobre os milagres que Deus operou por meio dele, mas colhemos como de um

ameno prado essas flores, segundo nosso arbítrio, as mais belas, não seguindo a continuidade de uma história...
Aquelas poucas coisas que aqui escrevemos podereis inserir, se à vossa discrição parecer justo, nas lendas já escritas, porque acreditamos que certamente aqueles veneráveis homens que escreveram as referidas lendas, se conhecessem essas coisas, de maneira alguma iriam deixá-las de fora, mas iriam adorná-las com sua eloquência e transmiti-las à memória da posteridade[11].

Entre os três signatários da carta, já falamos sobre o primeiro, frei Leão, e só temos a acrescentar que ele demonstrou nessa ocasião ser o hagiógrafo natural de Francisco, mas descartado no dia seguinte à sua canonização. O segundo, Rufino, como veremos, foi provavelmente amigo de infância do pobrezinho de Assis, enquanto o terceiro, Angelo Tancredi, era um cavaleiro nobre originário de Rieti, área que se convertera num segundo quartel-general dos frades, depois do primígeno da Porciúncula.

Os três signatários da carta compartilhavam uma estreita ligação com Clara: Rufino era seu primo e os outros dois ficaram junto a seu leito de morte e tiveram um papel de primeiro plano no processo de sua canonização. Não é de se excluir, portanto, que a própria Clara tenha participado da redação desses escritos, já que, na época da grande censura ordenada por Boaventura, eles foram secretamente confiados – após a morte de Clara – a suas seguidoras.

Ora, o problema que se coloca é saber quais eram as obras que a carta de Greccio acompanhava.

Nos manuscritos que chegaram até nós, a carta de Greccio serve de introdução a uma obra intitulada *Lenda dos três companheiros*, que se concentra principalmente na juventude de Francisco (os dois últimos capítulos são acréscimos posteriores), traçando muito bem

---

11. Lettera di Greccio [Carta de Greccio], in: *Fontes franciscani*, 1373-1374.

seu ambiente de origem, o contexto em que se movia e os fatos históricos ocorridos em Assis entre sua adolescência e os primeiros anos de sua conversão.

Sabatier, em primeiro lugar, desconfiou que devia haver outras coisas no dossiê proveniente de Greccio, visto que a carta anunciava coisas que não se encontram desenvolvidas na *Lenda dos três companheiros*. Além disso, a *Lenda* não pode ser obra de Leão e de Angelo, visto que o primeiro só veio a conhecer Francisco após a conversão e o segundo passou sua juventude em Rieti. Assim, devia ser obra apenas de Rufino, o qual, de extração nobre, comungava com Francisco o mesmo estilo de vida das famílias abastadas de Assis descrito na lenda.

Assim, é provável que houvesse um segundo escrito acompanhando a famosa carta de Greccio, como Paul Sabatier já suspeitara corretamente, atribuível aos outros dois signatários, em especial a frei Leão. Um escrito que não chegou a nós em sua forma original, mas que confluiu em grande parte para a *Compilação de Assis* ou *Lenda perugina*, nome derivado do local em que foi conservado o único manuscrito trecentista transmitindo a lenda, qual seja, o 1046 da biblioteca Augusta de Perúgia.

Um escrito que – como vimos no prefácio – custou a Sabatier inúmeras buscas exaustivas e alguns erros de identificação. Um escrito caracterizado pela forma deliberadamente enxuta, essencial, destinado a registrar algumas poucas ações do protagonista, mas descritas com precisão. Um escrito que rejeita cabalmente o recurso a fórmulas discursivas e a artifícios retóricos, vistos, provavelmente, como francos atentados àquela busca da verdade a que ele se propunha.

Nesse esforço de essencialidade há a inegável perspectiva histórica dos companheiros de Francisco, expressa tanto na *Lenda dos três companheiros* quanto na *Compilação de Assis*, que juntas compõem aquela imagem do pobrezinho de Assis que deve ter sido o verdadeiro alvo da censura de Boaventura de Bagnoregio, da qual nos ocuparemos adiante, mas não antes de conhecer alguma coisa daquela história, segundo o testemunho dos signatários da carta de Greccio.

Começaremos com a juventude e a conversão de Francisco, reconstruídas a partir do relato da *Lenda dos três companheiros*, que se apresenta em ordem cronológica, para chegarmos depois às lembranças da *Compilação de Assis*, estas registradas de maneira esparsa, centradas no Francisco da pós-conversão.

parte dois

FRANCISCO NA LEMBRANÇA DOS COMPANHEIROS

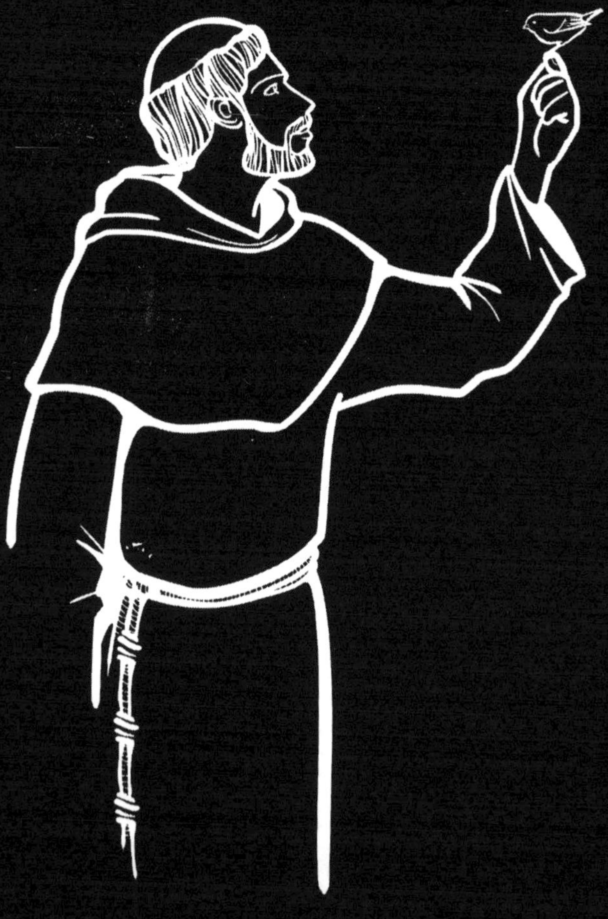

III

Uma antiga amizade

1. A Assis dos nobres e dos mercadores

A Assis do século XIII era uma pequena comuna em formação, cujas três mil almas – com os vilarejos em derredor –, mesmo para a Itália medieval fortemente ruralizada, não eram em número suficiente para caracterizá-la como uma cidade propriamente dita.

Se o espaço urbano faz do desenraizamento o horizonte existencial de seus habitantes, o espaço restrito de um pequeno burgo é marcado pela alocação atávica. No espaço urbano, os cidadãos são diariamente arrastados por um incessante devir. Sujeitos à constante transformação das estruturas arquitetônicas, à sobreposição do novo ao antigo, ao rápido nascimento e desaparecimento das atividades econômicas, à contínua sucessão das pessoas que vão e vêm – expulsas por um inesperado empobrecimento ou atraídas pela possibilidade de melhoria econômica –, mal conseguem preservar a lembrança da própria história familiar.

Os habitantes do burgo rural, por seu lado, assentes num espaço tendencialmente imóvel, tornam-se zelosos guardiães não só da própria história pessoal, mas também da de seus conterrâneos.

Atravessar a soleira da casa de Francisco significava entrar diariamente em contato com pessoas de quem se conhecia a história familiar, assim como elas conheciam a história familiar de quem as visitava.

Voltando do trabalho, o pai, Pietro di Bernardone, devia comentar com os filhos e com a esposa, sabe-se lá quantas vezes, o casamento deste ou daquele mercador ou os ornamentos deste ou daquele cavaleiro, e o mesmo devia ocorrer nas outras famílias de Assis, que por sua vez deviam comentar o regresso de Pietro di Bernardone desta ou daquela viagem e este ou aquele feito de seu filho Francisco.

Francisco pertencia à classe definida como burguesia, uma nova classe social que conseguira se separar da imensa massa de camponeses e enriquecer no burgo graças ao comércio e ao desempenho de profissões cada vez mais requeridas, como as de juiz, notário, médico e mercador. O pai de Francisco, Pietro di Bernardone, pertencia àquele grupo de privilegiados que tinham enriquecido no burgo graças a um comércio ativo, a diversos imóveis e a relações comerciais que o levavam com frequência até a França.

A família de Francisco estava entre as mais abonadas de Assis, e o fato de Francisco poder recorrer à fortuna do pai, com dinheiro em espécie, tornava-o um jovem frequentando círculos que ultrapassavam os de sua classe.

Nos centros urbanos do século XIII, ademais, a classe burguesa, precisamente por causa de sua disponibilidade monetária, tornara-se muito atraente para os nobres, que ainda viviam vinculados quase exclusivamente à propriedade fundiária, que lhes garantia uma vida abastada, mas não aquela reserva de dinheiro líquido que – como Karl Marx iria teorizar mais tarde – é o único capaz de multiplicar a riqueza.

Assim, os nobres de Assis, neste como em outros momentos históricos, seguiam atrás da classe burguesa, a qual, não onerada pelo fardo da propriedade fundiária, podia experimentar investimentos vantajosos, explorando também a liberdade decorrente de ser formada por novos-ricos; estes podiam se arriscar em atividades a que os nobres não ousavam se dedicar pelo receio de comprometer sua imagem social, como, por exemplo, a rentabilíssima atividade de empréstimos financeiros.

Mas, por causa dessa sua desenvoltura na relação com o dinheiro, o burguês precisava resgatar seu *status*, precisava enobrecê-lo também frequentando outros meios. Desejava frequentar os nobres para emulá-los no estilo de vida, até não se distinguir mais deles, esperando vir a receber, com o tempo, aquelas homenagens que eram concedidas ao senhor por nascimento, mas que, para ele, começavam a ser tributadas como forma de respeito por suas crescentes riquezas.

Os próprios nobres, aliás, começaram a tratá-lo com respeito, querendo se envolver nas iniciativas sociais que promovia com frequência cada vez maior. O mercador, com efeito, aprendeu a lhes usurpar uma virtude própria da classe senhorial, a liberalidade.

Se antes somente os senhores podiam se permitir o patrocínio de obras públicas e eventos mundanos – por serem os únicos a terem posses –, a partir do final do século XII os burgueses começam a lhes fazer concorrência.

O burguês se torna mecenas de atividades sociais, não para retribuir sua boa sorte, mas porque, ao doar, dá mostras de sua riqueza. Por isso começa a financiar – no lugar do nobre – as festas citadinas e, nessa sua marcha para se aproximar da classe superior, continua, porém, inevitavelmente enredado numa série de obrigações, e não só de honras, que agora lhe são impostas por sua condição. São ritos que constituem ao mesmo tempo um privilégio e uma condenação. Agora, nada do que cerca sua vida pode se mostrar comum ou modesto. A comunidade em torno dele observa em grande expectativa o que fará ou mostrará de si.

Além da aspiração, há também um cálculo nessa estratégia: a riqueza se conserva e se multiplica também graças às boas relações, ao passo que a marginalidade, o isolamento, a suspeita de um declínio acabariam por empanar sua imagem pública: uma sombra que poderia – num movimento em espiral – arruinar sua própria fortuna.

Nesse contexto, portanto, os mercadores compreendem que ocultar os ganhos num cofre ou num banco equivaleria a limitar a possibilidade de expansão do capital; equivaleria a continuarem "pobres" na percepção comum, e isso significaria inviabilizar a possibilidade de granjear novas amizades vantajosas.

Os senhores, por sua vez, ficam realmente desorientados perante uma economia que lhes parece ensandecida, pois, em vez de continuar a favorecer as famílias de antiga linhagem, ancoradas na imutabilidade da terra, expõe aos resultados incertos de um novo mecanismo financeiro, dominado pela difusão de um poderoso demônio: o dinheiro. Comparado à terra, ele é ágil e esbelto, dinâmico e, em certos aspectos, invisível em seus movimentos, mas eficaz para elevar o que está embaixo, inexorável em arruinar uma família de antiga riqueza e, em seu lugar, erguer uma família de berço incerto.

À luz disso, apoiar-se nos novos-ricos (sem dúvida de modos rudes, de perspectivas grosseiras, mas dotados de um extraordinário faro para as novas regras do mercado) passa a ser algo não só conveniente, mas necessário para a nobreza. Assim, ela começa a ceder aos novos-ricos aquele privilégio – antes exclusivamente seu – da prodigalidade, a qual se tornou cada vez mais onerosa para ela, devido à natureza estagnante de sua riqueza. Os nobres só poderão continuar a levar uma vida pública rica e diversificada, sem recorrer aos poucos capitais à sua disposição, se se apoiarem nos novos-ricos.

Assim, no desejo destes em se tornarem pródigos e no esgotamento financeiro daqueles, opera-se a união entre as duas classes que, nos burgos baixo-medievais italianos, muitas vezes se conjugam para realizar ritos públicos e para manter estilos de vida comuns.

Na pequena cidadezinha úmbria, portanto, as famílias que realmente contam, por antigos títulos ou por novas riquezas, são no máximo umas trinta, e entre elas está a de Francisco.

É de se supor, a esse ponto, que tais famílias se frequentavam.

Frequentavam-se porque, no século XIII, os poucos meios de locomoção tornavam a vida realmente sedentária. Frequentavam-se porque a nascente máquina do poder municipal levava os partidos dos *maiores*, os nobres, e dos *populares*, os burgueses e o *popolo grasso* (composto por mercadores e empreendedores), a ligações e contatos obrigatórios, mesmo que apenas por ocasião das assembleias e votações na sala do palácio municipal.

Frequentavam-se, enfim, por uma aproximação fisiológica entre as classes, pelas razões acima exemplificadas.

A Assis medieval era mais limitada em comparação à atual. O imponente complexo monumental da basílica de São Francisco não existia, e ali havia apenas uma colina nua. Tampouco a fortaleza possuía o tamanho e a importância atuais. Os locais de encontro se restringiam a três praças principais: a praça do Município, coração da urbe desde os tempos em que os romanos haviam construído ali o foro e o templo em honra a Minerva, a praça de São Rufino, onde se erguia a antiga catedral, sede do bispo, e a praça de São Jorge, hoje praça Santa Clara.

As três praças ficavam a poucos metros de distância uma da outra, todas situadas na cidade alta, onde também se encontravam os palácios da nobreza e os das famílias mais abastadas. Nessa área ficavam a casa e a loja de Francisco e as casas de muitos jovens que se uniriam a ele após a conversão.

Como esses jovens moravam na mesma parte da cidade, deviam encontrar-se pelo menos durante as festas cívicas e religiosas. Algumas providências tomadas pelo prefeito da cidade de Assis, no século XIV, levam-nos a pensar que o mesmo devia ocorrer nas décadas anteriores: após algumas desordens, os *maiores* e os *populares* foram proibidos de se reunir durante os jogos de primavera e de celebrar juntos as festas religiosas da Páscoa e do Natal.

Mas, se para as funções litúrgicas era possível encaminhá-los a duas basílicas diferentes, para os torneios de primavera devia ser quase impossível providenciar a separação entre eles. Essas competições não teriam sentido excluindo-se uma das partes, pois se destinavam justamente a encenar em jogos o antagonismo entre as famílias dominantes. O torneio, que os medievais costumavam chamar de *hastiludium* (jogo com a lança), imitava o ataque frontal com a lança erguida entre dois campeões, deliberadamente escolhidos entre diversos clãs e facções opostas, no fito de refletir tensões sociais realmente existentes.

Com efeito, se surgiram inicialmente para retomar em forma de representação as distantes gestas de Carlos Magno, a partir do século XIII os jogos começaram a se inspirar em guerras locais, fornecendo o pretexto para dar livre vazão a antigos dissabores. Os cavaleiros ou as partes que queriam um "acerto de contas" inscreviam-se no certame, mantendo segredo sobre o verdadeiro motivo de sua participação; assim, a competição assumia um caráter judicial, de uma justiça sumária que cada um aplicava por si, calculando à sua maneira as ofensas sofridas e as satisfações a tomar.

A Igreja se empenhou numa incessante campanha de propaganda contra os jogos de guerra que haviam começado a se transformar em campos de batalha, favorecendo o surgimento de novas disputas. Dos púlpitos das igrejas, investiu especialmente contra a ideia de que o resultado do torneio pudesse coincidir com o juízo divino. E, para impedir que se transformasse numa pretensa forma de ordálio, começou a negar sepultura em solo consagrado aos que encontravam a morte nos torneios.

A hostilidade frente a essas competições decorria também do fato de favorecerem o nascimento de amores adúlteros ou, em todo caso, clandestinos, que não desembocariam numa união estável.

Segundo o costume, de fato, os cavaleiros usavam as cores de uma dama que não precisava necessariamente ser solteira ou ligada a eles. A pretexto do jogo, o cavaleiro tinha a liberdade de escolher sua mulher entre as presentes e, em caso de vitória, o costume era lhe dedicar publicamente o triunfo, gesto que, como é compreensível, dava ocasião de se desencadearem legítimos ciúmes e surgirem novas vinganças.

A partir do século XI, os eclesiásticos se empenharam, como veremos, em definir restritivamente o vínculo matrimonial para conter a praga dos filhos ilegítimos, condenados a crescer sem qualquer forma de tutela moral e material. Por essa razão, no momento de abençoar os estandartes dos competidores, os religiosos começaram a admoestar os cavaleiros para não tecerem jogos amorosos com mulheres a que não estivessem unidos por mútua promessa, embora essa advertência se mantivesse como letra morta.

O bispo Tiago de Vitry, contemporâneo de Francisco, denunciou que o cavaleiro durante um torneio era levado a se manchar de todos os sete pecados capitais. Apesar das polêmicas e das contramedidas adotadas, porém, as festas religiosas e os torneios de cavalaria continuaram a representar o local privilegiado do encontro e embate citadino e da ostentação de prestígio social das famílias mais destacadas. Para fazer frente às despesas, chegavam a gastar somas enormes, não raro endividando-se além de suas possibilidades. Estandartes, roupas vistosas, palcos enfeitados, armas esplêndidas, banquetes suntuosos tinham um custo proibitivo mesmo para uma família abastada. Como vimos, essas festas passaram a ser realizadas e financiadas cada vez mais pelas classes emergentes, das quais fazia parte a própria família de Francisco, a qual, portanto, devemos supor que estava bem inserida na vida social e política da cidade.

2. O jovem Francisco

Francisco dedica vários anos de sua vida de adulto à atividade comercial na loja da família, que abandona somente aos 25 anos de idade.

O pai gostaria de ensinar o filho a não se envergonhar de sua riqueza, a não se sentir culpado e a considerá-la como justa recompensa a quem soube como proceder e não poupou esforços.

Pietro provavelmente suspeita que Francisco não considera justas as diferenças nos destinos humanos. É o que se patenteia claramente quando vê o filho se entregar a gestos de excessiva generosidade, como na ocasião em que, ao invés de despedir um mendigo com o óbolo de uma moeda, mergulha suas mãos na caixa e lhe oferece uma grande quantidade delas, o que, antes mesmo de incomodar Pietro di Bernardone, inquieta o próprio mendigo, receando que a transferência desse dinheiro também trouxesse consigo a "loucura" do doador.

Tendo o filho mal saído da adolescência, Pietro ainda espera que sua liberalidade possa ser atribuída ao desejo de parecer generoso, ao desejo de conquistar a amizade daqueles jovens que, como ele, livres da miséria, podem levar uma vida não condicionada por preocupações materiais, entre festas e banquetes, conforme descreve a *Lenda dos três companheiros*, uma das duas obras que, como vimos, foram redigidas – extraoficialmente – pelos companheiros de Francisco:

> Não muitos dias depois de ter voltado a Assis, numa noite foi eleito pelos companheiros como seu senhor, para que, conforme lhe agradasse, arcasse com as despesas e ele mandou preparar um suntuoso banquete, como fizera outras vezes. E estando todos bem saciados, saindo de casa, os companheiros em conjunto o precediam e assim andavam cantando pela cidade[1].

Pietro, portanto, ainda não sabe com certeza se a prodigalidade do filho é uma inclinação a ser corrigida, pois poderia ser filha de um cálculo, isto é, ser o investimento necessário que Francisco julga precisar fazer para ser aceito entre as famílias mais importantes de Assis.

Além disso, Pietro tem outro filho que, como ele, esposou a ética do lucro, o qual, a julgar pelo desprezo que manifestará mais tarde pelo irmão que se tornou mendigo, abriga a mesma visão paterna do mundo e das relações que o regem:

---

1. TreComp, III, 15.

Muitos, ademais, ridicularizavam-no [...]. De modo que, na época do inverno, estando numa certa manhã entregue às orações, contente com seus pobres paninhos, um irmão de carne que passou a seu lado assim disse ironicamente a um conterrâneo: "Dize a Francisco para te vender pelo menos uma porção de suor"; ao ouvir isso, o homem de Deus, repleto de sadio regozijo, com fervor de espírito respondeu em língua francesa: "Venderei esse meu suor a alto preço ao meu Deus"[2].

Mas não é esse filho, que tanto se parece com o pai, que os jovens abastados de Assis cortejam, não é a ele que buscam, não é dele que falam, não é ele que elegem como rei de suas festas. É Francisco quem exerce uma atração inexplicável sobre eles. Em relação ao mercador Pietro di Bernardone e de sua recente riqueza — sabe-se lá se fruto de ganhos roçando o limite da honestidade —, na cidade ainda há quem torça o nariz, talvez pelas costas, mas diante de Francisco desencadeia-se sempre uma admiração sincera e contagiosa. E isso acontece não só em Assis. Também quando vai a negócios para Foligno, Perúgia, Florença, França, esse filho se destaca, impressiona as pessoas com quem se relaciona, deixa uma marca profunda.

Apesar de sua estreita visão de mundo, Pietro não pode deixar de notar que Francisco é dotado de um fascínio especial, natural, que parece promissor, mesmo quando se afasta muito de seu modo de pensar. Durante as longas viagens de negócio, tira proveito de suas boas inclinações. Aprende junto com o filho, nota que Francisco sabe transformar a riqueza, que ele diligentemente acumulou, em algo dinâmico. Mesmo na França, numa sociedade diferente da sua, o filho sabe tirar proveito de suas boas inclinações. Aprende rapidamente a língua e não na forma rudimentar que serve a Pietro para suas transações de compra e venda, mas num alto nível, que lhe permite apreciar

---

2. Ibid., VII, 36.

e compreender essa cultura. Interessa-lhe sobretudo a literatura francesa, uma literatura nova, que a Pietro di Bernardone deve parecer fútil e corrompida. Não são, com efeito, as histórias robustas da tradição, aquelas que mesmo os idosos de Assis haviam parcialmente memorizado: histórias de guerreiros, heróis e santos mártires que, como Rufino, suportaram suplícios cruentos, resistindo com uma força ciclópica. Ao filho interessa uma literatura de conteúdos altamente simbólicos e apenas em parte decifráveis, que vem se difundindo da região de Champagne para toda a Europa.

É uma literatura que fala de amor, mas não do amor que Pietro di Bernardone compreende e conhece – um amor que cria vínculos e fortalece laços familiares, gerando no máximo brigas e vinganças privadas –; o amor que Francisco preza não é o contraponto da honra, não se encaixa nas dinâmicas da posse e, na verdade, tampouco tem a posse como objetivo. É um amor que gera sofrimento, que não se traduz em ação, mas em aguda dor da alma. É um amor que se transforma em abnegação, em tormento interior, em renúncia de si.

Os protagonistas dessas novas histórias não são heróis titânicos, como os que povoaram o imaginário juvenil de Pietro di Bernardone, mas cavaleiros em que o amor acendeu uma luz na alma, uma luz que os tornou não mais ferozes e viris, e sim mais atormentados e taciturnos.

São amores que geram dúvidas, abrem questões, abalam visões consolidadas do mundo e das relações humanas; seus paladinos são cavaleiros para os quais a novidade do amor acaba por criar um impedimento, real ou psicológico, no exercício das armas; são guerreiros que, na maioria dos casos, terminam a sua vida em solitária peregrinação, como penitentes, querendo apenas expiar os pecados cometidos quando tomavam parte de guerras e duelos.

Os heróis corteses, ao contrário dos heróis da épica clássica ou carolíngia, cujos afetos eram desviados pela guerra, estão perenemente apaixonados, pois para os novos poetas apenas o coração que ama é realmente capaz de proezas excepcionais. O ânimo nobre ao acender-se do amor revela uma grandeza inesperada: não se fecha em si, não se traduz em amor à família ou ao povo, mas transforma aquele amor individual em amor na defesa de todos os oprimidos.

Chrétien de Troyes é o gênio literário do nordeste da França que, no século XII, reelaborou os temas da literatura bretã, transformando-a em algo novo, numa radical ruptura com o passado, uma literatura que não é mero enredo narrativo, não é exaltação das gestas dos heróis, não é celebração de estirpes e de povos, não é rememoração de glórias e honras, mas sim introspecção psicológica, drama individual, elevação moral, busca de salvação interior.

Dante Alighieri, que começará sua carreira de escritor na escola da literatura cortês, explicará em sua obra de formação, *Vita Nuova*, que apenas a passagem pelo amor terreno, físico – aquele amor que a ética cortês preconiza e exalta – pode finalmente levar ao amor transcendental por Deus.

Cerca de cem anos antes de Dante, também Francisco inicia sua conversão espiritual como aluno da ética cortês. Os companheiros nos atestam sua paixão pelos poetas itinerantes, que na *langue d'oil*[3] divulgam as histórias do ciclo bretão entre as cortes e praças da França. Tal como eles, Francisco gosta de andar pelas ruas de sua cidade para cantar as provações que enfrenta o ânimo nobre vencido pelo amor.

As canções que ele mesmo compõe, reinventando ou reinserindo os temas da literatura transalpina, devem torná-lo muito apreciado entre os jovens de Assis; a cada vez que retorna da França, decerto Francisco lhes aparece banhado pela luz de um mundo distante, que a seus coetâneos deve se afigurar, em sua profunda alteridade, fascinante e misterioso.

---

3. *Langue d'oil* ou língua *d'oil*: essa designação indica antigas variantes linguísticas presentes em algumas partes do território francês. (N. do E.)

Um dos dados biográficos atestados com maior insistência por seus companheiros é o amor de Francisco pela língua e literatura francesa; o francês sempre será para ele uma língua intercambiável com o latim e o vernáculo; expressa-se numa ou noutra, dependendo da inspiração; alguns notaram que o francês lhe serve principalmente para vencer a timidez e romper as pausas, quando se sente constrangido por ter de irromper em cena – uma praça, um público, um palco, uma rua – e transmitir uma mensagem urgente que deseja especialmente comunicar. Mas, em todo caso, são várias as situações em que, contam seus companheiros, ele responde, apostrofa ou pergunta "em língua francesa".

Outro elemento atestado são as referências de Francisco, antes e depois da conversão, aos temas e personagens do ciclo bretão, que insere como exemplos, metáforas e inspirações para seus discursos e pregações.

A assídua relação de Francisco com a língua e literatura francesa levou alguns a pensarem numa presumível, embora errônea, origem francesa da mãe. É um erro que – como frequentemente ocorre – demonstra-se muito eloquente em revelar um traço que todos consideravam muito característico de sua personalidade. Devemos ter em mente essa peculiaridade de seu caráter, se quisermos entender plenamente, nos próximos capítulos, a razão pela qual tal aspecto viria a ser eliminado de uma de suas biografias.

3. A miséria prospera na cidade

Francisco cresceu numa casa em que o dinheiro circula em abundância, e é por isso, talvez, que se relaciona com ele como se não tivesse qualquer importância. Cada libra que sai da bolsa de Pietro di Bernardone parece lhe dilacerar a carne, ao passo que jorra rapidamente dos bolsos do filho, sem gerar a menor perturbação. Em parte, como dissemos, a atitude de Francisco em relação ao dinheiro fascina o pai, que nela enxerga o sinal de uma ascensão social já realizada:

> Francisco, depois de crescido e de sutil engenho dotado, exerceu a arte do pai, isto é, o comércio, mas de maneira muito diferente, pois, mais do que o pai, era alegre e liberal, apreciador de jogos e cantos, e percorria a cidade de Assis dia e noite com seus semelhantes. No gastar era de grande largueza, tanto que o que poderia ganhar, gastava em comida e coisas similares; por tais coisas foi várias vezes repreendido pelos pais, que lhe diziam que gastava tanto consigo mesmo e com os outros que nem parecia filho deles, mas sim de algum grande príncipe[4].

A prudência de Pietro – que se opõe marcadamente à prodigalidade do filho – é própria de quem passou a vida medindo a distância que cada florim acumulado interpunha entre si e os deserdados da terra. Esses últimos, a julgar pela reação violenta que terá diante do filho que se tornou mendigo, devem representar para Pietro uma presença ameaçadora.

Eles se arrastam pelas ruas de Assis, sem perspectiva, oprimidos por suas necessidades primárias: o frio, o alimento, as cobertas, o trabalho, a doença. Provavelmente não só os despreza, mas enxota-os com rudeza, tal como fará com o filho quando aparecer diante dele, vestido com panos surrados.

Pelas ruas de Assis, os indigentes parecem se multiplicar como moscas e, quando têm a infeliz ideia de começarem a viver juntos, num abrigo ou numa fila de choupanas situadas na periferia da cidade, parecem passar a má sorte uns aos outros com a mesma rapidez com que contraem doenças.

---

4. TreComp, I, 8.

Quanto mais se agrupam, mais se multiplicam suas pestes: as epidemias em seus bairros duplicam e o frio e a fome aumentam em proporção geométrica.

Pietro di Bernardone tem medo que aquela miséria se grude nele para lhe tornar amargo o jantar e insegura a noite, e por isso tranca-a fora de casa, ao final de cada dia, dando três voltas na chave.

Em poucas décadas, o mundo em que vive deu um incrível salto para frente, mas Pietro tem dificuldade em entender como é possível que uma economia que avança sem cessar condene um grupo a ficar sempre mais para trás.

Por mais de seiscentos anos, a fotografia de Assis continuara a ser a mesma da época romana: a queda do Império lhe imprimira o aspecto imóvel e petrificado que a lava do Vesúvio gravara sobre Pompeia. As contínuas incursões dos povos germânicos – que se alternavam sem trégua entre velhos e novos conquistadores – haviam criado insegurança nas estradas, condenando a sociedade a uma endêmica ruralização.

Por mais que algumas teses historiográficas tendam hoje a acrescentar algumas melhorias a esse quadro, continua inegável que o mundo alto-medieval é um mundo que se fecha e se curva sobre si mesmo: não há mais estradas controladas pelos militares do Império, e tampouco existe alguma verdadeira autoridade central à qual possa se confiar. A população é obrigada a se organizar como lhe é possível, junto a um senhor capaz de controlar uma estrutura fortificada, capaz de acolhê-la em caso de ataque. A pulverização da sociedade em milhares de pequenas ilhas habitacionais cria uma paisagem desolada, na qual, entre um castelo e outro, entre um mosteiro e outro, entre um burgo fortificado e outro, entre uma torre e outra, sobressai-se o vazio.

O sistema defensivo se baseia quase exclusivamente no número de homens armados que, localmente, os centros habitados conseguem treinar e equipar.

A partir do ano Mil, porém, começa-se gradualmente a superar essa fase de insegurança generalizada. Graças ao fortalecimento dos poderes centrais, principalmente o Papado e o Império, as cidades retomam o crescimento e a própria Assis adapta suas antigas estruturas aos tempos recentes.

Pietro assiste então à passagem de uma economia de subsistência, que tinha como único horizonte o consumo próprio, para uma economia de mercado, que graças à troca dos excedentes – acumulados e monetizados – leva a um aumento da riqueza. Contudo, esse inegável renascimento, em vez de diminuir o número de crimes, fez com que eles aumentassem exponencialmente. São macromovimentos que a ele, talvez dotado apenas de uma cultura básica, funcional para sua profissão, não parecem plenamente compreensíveis.

O que lhe parece tangível, o que lhe parece evidente é que o desenvolvimento do tráfico comercial e o aumento dos bens favoreceram apenas os que já tinham algo para investir, porém atropelando como dejetos urbanos aqueles que esperavam trocar a subnutrição e a fraqueza física com uma moeda melhor.

No mundo rural de seus avós, eles haviam, sim, vivido como servos, mas ao menos protegidos pela sombra de um castelo fortificado, que lhes garantia abrigo. A partir de meados do século XII, porém, muitos deixaram seus vilarejos míseros – mas menos sórdidos e infectos do que as cidades – em busca de fortuna, num passo que se revelou fatal para eles.

Nos campos, deixaram um tugúrio de madeira, talvez um abrigo de alvenaria, a possibilidade de se lavar numa fonte, a caça num bosque, a pesca num rio, o direito à lenha, a coleta sazonal das castanhas, das nozes, dos cogumelos, dos aspargos, das maçãs e dos medronhos, abundantes nas matas dos Apeninos.

Os archotes brilhantes da cidade, porém, atraíram-nos para aprisioná-los num subúrbio desértico, onde ficaram a se debater como mariposas ensandecidas entre duas fronteiras opostas e igualmente intransponíveis: pobres demais para alcançar o coração opulento das cidades e já desenraizados demais para voltar atrás.

Tiveram em massa a esperança de se libertar da servidão da gleba e, pelo contrário, caíram vítimas de um patrão pior, a miséria.

Pietro di Bernardone, enquanto escala as colinas entre os vilarejos da dorsal apenina ou quando caminha pelo vale ao longo dos campos nas margens do Trasímeno, pode constatar que as condições da vida camponesa são menos trágicas do que as da vida urbana.

Os vilarejos também têm suas almas miseráveis, que vivem da caridade alheia, mas a própria morfologia do território os absorve e os mimetiza, ao passo que o desenvolvimento das cidades os torna cada vez mais expostos e evidentes.

Em Perúgia, vieram a integrar a tal ponto a paisagem urbana que, em poucos anos, Arnolfo di Cambio os monumentalizará, aprisionando os gestos de seu desespero cotidiano na fonte de pedra da cidade: o jovem paralítico, que se arrasta sobre muletas rudimentares, ou a velha com sede, que usa as mãos como taça, ainda hoje nos permitem entrever aquele mesmo panorama urbano e humano observado por Francisco e Pietro di Bernardone.

Para Pietro, essa humanidade marginalizada, empoleirada nas margens do centro urbano como uma ave de mau agouro, como um espectro, parece uma admoestação incontornável: sempre é possível escorregar para trás. E ele não pretende retroceder, mas sim, de preferência, impulsionar o filho a dar mais um passo adiante.

4. A ambição de Pietro di Bernardone

Francisco tem duas vias possíveis para atender à ambição do pai: a guerra, que lhe ofereceria a possibilidade de ascender ao primeiro degrau da nobreza, conquistando o título de cavaleiro, ou a política, que lhe abriria o caminho dos órgãos do governo municipal, que começam a extrair sua linfa vital das novas classes em ascensão.

No que concerne à guerra, é basicamente uma questão de encontrar ocasião de se pôr em vista, pois Francisco já é treinado no ofício das armas e provido pelo pai com um cavalo e uma armadura, necessários para o alistamento.

Quanto à carreira política, é a nova rota de avanço da classe mercantil no incipiente município de Assis, que vem progressivamente democratizando suas estruturas. Tal como no resto do centro e do norte da Itália, a linhagem não é mais condição necessária para ser eleito no *arengo*, o parlamento citadino, constituído por um número sempre crescente de pessoas importantes pela renda e não pela estirpe.

Além disso, nos anos de adolescência de Francisco, a classe mercantil em Assis – representada, como dissemos, pelo partido dos *populares* – luta para arrancar aos nobres o comando da máquina municipal. Assim, Francisco poderia se inserir facilmente entre as malhas já ampliadas da classe dirigente urbana.

Por duas vezes Francisco dará ao pai a ilusão de querer e poder realizar esse desejado salto; ou, talvez, por duas vezes o pai conseguirá convencer o filho a tentar o avanço de classe longamente sonhado.

A primeira vez deve se situar por volta de 1202, ano que assinala o início da guerra entre Assis e Perúgia. É uma guerra em que as forças mais reacionárias e conservadoras do pequeno burgo úmbrio aliam-se às classes magnatas de Perúgia, desafiando em campo aberto os *populares* de Assis.

Mas recuemos um passo. Alguns anos antes, os *populares* haviam se insurgido contra o predomínio dos *maiores*, decididos a manter a qualquer custo a política de bloqueio do Município ao *popolo grasso*. Esse obstrucionismo acabava por impor minoria a todo o alinhamento progressista, o qual, em resposta, atacara os castelos fortificados fora do centro urbano, símbolos do poder da nobreza. A destruição das fortalezas da nobreza convenceu os *maiores* a abandonarem Assis e buscarem refúgio na cidade do Grifo (Perúgia), inimiga histórica do município de Assis. Aqui, com o apoio das famílias magnatas locais, reorganizaram-se e desferiram uma contraofensiva sanguinária na planície de Collestrada, a poucos quilômetros de Perúgia.

Naquele dia, Francisco também desce a campo com os jovens da mesma corrente e com os poucos nobres que permaneceram em Assis para combater os soldados da facção oposta.

Alguns dos cavaleiros e infantes que avançam na planície de Collestrada, desafiando-o diretamente, lança em riste ou espada em punho, são jovens com quem Francisco brincara quando criança ou frequentara quando rapaz; no campo adversário, de fato, estaria pelo menos Rufino, que dentro de poucos anos se tornará um de seus companheiros mais próximos. É primo de Clara e pertence, portanto, a uma das famílias que comprovadamente se exilaram em Perúgia.

A nata da juventude de Assis está mobilizada na planície úmbria, cuja vegetação rala permite uma visão completa, que leva a prever uma inevitável carnificina. Por sorte, a ordem para ambas as partes é evitar massacres e fazer o maior número possível de prisioneiros.

Os prisioneiros favorecem a negociação e levam os opositores a posições mais amenas. O suplício inútil, pelo contrário, só exacerbaria os ânimos, criando novas disputas e vinganças.

Os porta-estandartes são os primeiros a avançar ao ritmo dos tambores que insistem sombrios e incessantes. À vista dos estandartes volteando no ar, a lucidez se desfaz e a adrenalina desperta uma sensação de onipotência; a couraça afasta o medo e infla os ânimos: Francisco combate, talvez mate, por fim perde e é feito prisioneiro.

É a primeira grande humilhação infligida a Pietro di Bernardone por intermédio do filho: os peruginos o mantêm encarcerado e ele é obrigado a se render à negociação, que lhe custará um enorme desembolso e uma espera exasperadora.

Depois de um, talvez dois anos, finalmente Francisco retorna a Assis e Pietro pode retomar suas esperanças na grande guinada. O perigo enfrentado em Collestrada, com suas pesadas consequências, parece não lhe ter ensinado nada, visto que, um ano depois, está novamente disposto a arriscar a vida do filho; dessa vez incentiva-o a uma nova tarefa, bem mais interessante e proveitosa do que as lutas intestinas do Município. Consiste em acompanhar a expedição de um nobre de Assis de partida para a Apúlia, onde as forças imperiais estão enfrentando as forças papais. Francisco ingressa no pelotão armado com a esperança, talvez até com a promessa, de ser nomeado cavaleiro depois de finda a guerra. Talvez seja Pietro a encorajá-lo, esperando ainda uma promoção social do filho. Talvez seja o próprio Francisco, que quer lavar a humilhação de Collestrada; seja como for, ele não parece muito convicto de sua decisão, pois, alguns quilômetros depois da saída triunfal de Assis, começa a vacilar sob o peso da armadura e a enorme carga de suas dúvidas.

Chegando a Spoleto, está propenso a dar meia-volta; uma súbita febre o ajuda a pôr em prática uma decisão que provavelmente já tinha no espírito: abandonar a empreita antes mesmo de iniciá-la.

De volta a Assis, apenas na aparência retoma seu ritmo habitual, enquanto se dedica cada vez mais ao que parece ter-se tornado sua única atividade premente: encontrar bens para distribuir aos indigentes da cidade. Aproveita as frequentes ausências do pai para investir o dinheiro da família e fazê-lo render em atividades beneficentes. Com a cumplicidade da mãe, vende, compra, açambarca bens para doar em esmola.

> E se alguma vez ficava em casa estando o pai ausente, só com a mãe, arrumava as toalhas de mesa, no almoço ou no jantar, como se toda a família fosse comer; um dia, quando a mãe lhe perguntou por que colocava tantas toalhas na mesa, respondeu que queria se preparar para distribuir esmolas, pois fizera a promessa de dar esmolas a todo pobre que pedisse em nome de Deus. E a mãe, por amá-lo mais do que aos outros filhos, tolerava tais coisas, considerando diligentemente todos os atos que o via praticar e de muitos deles maravilhando-se no coração[5].

---

5. Ibid., III, 17.

Nessa fase, Francisco ainda não parece decidido a abandonar a vida anterior, mas apenas dar-lhe outro rumo. Talvez pretenda se inspirar na figura de Homobono de Cremona, um santo homem canonizado poucos anos antes e muito popular na Itália setentrional. Tal como ele, Homobono foi um comerciante de tecidos e, sem renunciar à profissão, passou a parte final da vida pondo sua fortuna e seu tempo livre à disposição dos despossuídos da cidade. Mas abraçou a atividade de caridade após meio século de trabalho rentável; assim, quando se converte, a herança da família e os proventos da atividade comercial são apenas seus, e pode dispor deles segundo sua vontade. Francisco, por outro lado, logo há de se dar conta de que os bens que investe nas esmolas pertencem ao pai, que os deixava a seu dispor apenas enquanto Francisco vivia segundo suas expectativas; mas agora, não sendo mais o rei das festas citadinas, Pietro não pretende lhe autorizar o uso.

A *Lenda dos três companheiros* nos conta claramente: enquanto Francisco esbanja e desperdiça o dinheiro paterno para oferecer aos ricos da cidade, Pietro se mostra disposto a tolerar seus excessos, mas, quando suas posses começam a se encaminhar na direção oposta da vila – não mais ao centro, mas à periferia de Assis –, sua reação é feroz.

Francisco, então, decide se afastar de casa e passa a morar com o padre de San Damiano, ajudando-o em suas funções e no atendimento aos pobres e doentes.

A certa altura, também sai de San Damiano, lamentando se sentir ali novamente seguro, graças à benevolência do sacerdote que lhe presta cuidados e atenções, como se tivesse encontrado uma nova tranquilidade, uma nova casa, um novo pai (esse sacerdote é Silvestro, que depois entrará na fraternidade de Francisco).

Saindo de lá, passa a viver por conta própria. Trabalha e se alimenta do fruto de seu trabalho, aceitando não mais do que o estritamente necessário, e nunca em dinheiro.

Quando não encontra ninguém a quem possa oferecer trabalho em troca de comida, mendiga; vai para o burgo, onde há muita gente e podem lhe fazer caridade, embora amiúde o recebam com insultos e pedradas.

Mas Francisco está decidido; percorre e repercorre aquelas mesmas ruas que o viram na infância e na adolescência; não sente orgulho, não sente vergonha em voltar agora, como mendigo, à presença daqueles que o conheceram bem.

Mostra nisso um caráter nada frágil, uma força de espírito rara, uma segurança inabalável; essa segurança lhe permite ficar, lhe permite não se afastar da terra natal por todo o tempo da sua vida. Exila-se voluntariamente das residências ricas, dos banquetes opulentos, do abraço das figuras importantes, mas nunca de sua cidade. Outros, que como ele adotaram a pobreza para seguir o Evangelho, quase sempre decidiam deixar o local de nascimento, como se fosse um vínculo, um estorvo, um obstáculo; ele nunca deixará Assis, continuará lá – como um grilo falante, como um espinho no flanco do pai –, decidido a conquistá-la novamente em lugar de se exilar. Ao voltar de uma viagem de negócios, Pietro di Bernardone fica sabendo que Francisco vive ora entre os miseráveis que gravitam ao redor de San Damiano, ora entre as grutas do Subásio. Vai então buscá-lo à força. Pietro se sente no direito de exercer sobre o filho uma violência não só moral, mas também física. Leva-o de volta a tapas, tranca-o à chave no fundo de casa e dá ordens aos familiares de não o deixarem sair.

> Finalmente chegou a notícia ao pai, o qual, ouvindo que sofria tais injúrias de seus cidadãos, imediatamente se pôs a procurá-lo, não para libertá-lo, mas mais para impedi-los, e não se servindo de qualquer moderação ou discrição, como o lobo investido contra o cordeiro e, olhando-o de atravessado com o rosto colérico, agarrou-o com as mãos e, surrando-o impiedosamente, levou-o para casa e por vários dias fechou-o num local escuro, pensando em afastar

seu ânimo do bem que iniciara e reconduzi-lo com palavras e pancadas à vaidade do século[6].

É ele o dono de sua vida e, se Francisco não quer passá-la segundo sua vontade, Pietro não pretende deixá-la de presente para o filho. É ele o *pater familias*, a quem a esposa e a prole devem submissão por respeito e por tradição, e está decidido a fazer valer seus direitos paternos, sem contemplar qualquer concessão. Além disso, não confia mais naquele filho que o enganou, atingindo-o em seu lado mais sensível, condenando-o a sofrer uma espécie de pena por compensação: quanto mais Pietro tentou interpor uma distância entre si e os deserdados da terra, tanto mais Francisco quis anular essa distância, indo se colocar justamente no degrau mais baixo da escala social. Se escolhesse viver como monge ou sacerdote, poderia manter o respeito da comunidade: em lugar disso, quis circular pelos becos de Assis como um filho de ninguém, como um cachorro de rua, que mendiga a qualquer um as sobras de um jantar.

A ironia da sorte parece ter se lançado contra Pietro di Bernardone, fazendo pouco dele; é como se quisesse iludi-lo com as maravilhas do jovem Francisco apenas para poder feri-lo mais a fundo, com a súbita e inexplicável mudança de rota do filho.

5. Um pai que abençoa

Mas, tendo o pai saído de casa para uma necessidade urgente de família, sua mãe, não aprovando o que fizera o marido, falou com o filho em doces palavras; não conseguindo removê-lo do santo propósito e comovendo-se com ele as entranhas maternas, rompendo os vínculos, permitiu-lhe sair em liberdade[7].

---

6. Ibid., VI, 29.
7. Ibid., VI, 29-30.

Com a ajuda da mãe, Francisco deixa enfim a prisão paterna. Já está decidido a uma guinada radical e, dessa vez, com muita dureza faz o pai entender definitivamente que ele não é propriedade sua.

Para desfazer o último laço que o mantém sob sua influência, Francisco renuncia à sua herança e se põe definitivamente sob a tutela da Igreja, na qualidade de penitente.

A esse ponto, a ruptura se torna irreversível. O pai deixa de cumprimentá-lo. Francisco, porém, não se curva sequer a essa última chantagem. Dirige-se aos indigentes de Assis para fazer um pacto com os novos conhecidos. Oferece metade de suas esmolas àquele que se dispuser a ser seu pai: quando o pai carnal, encontrando-o pelas ruas, amaldiçoá-lo como fez outras vezes, ele deverá abençoá-lo, anulando como num exorcismo o desnaturado voto paterno.

> E seu pai, vendo-o em tal baixeza e desprezo, encheu-se de grande dor, porém, por muito tê-lo amado e muito sofrendo e se envergonhando de ver seu corpo quase morto pelas excessivas aflições e macerações, maldizia-o sempre que o encontrava. Então, o homem de Deus, ouvindo as maldições do pai, escolheu um homem pobrezinho e desprezado e disse-lhe: "Vem comigo, e te darei as esmolas que me dão, e quando ouvires meu pai me maldizer e eu me virar para ti dizendo 'pai, abençoa-me', farás o sinal da cruz e me abençoarás no lugar dele"[8].

O embate com o pai é, sem dúvida, a prova mais árdua que Francisco precisa enfrentar para seguir seu caminho. Anos depois, quando vier a enfrentar a oposição de um grupo significativo de frades seus, a dor será igualmente aguda, mas ele já estará plenamente consciente da escolha realizada e, além disso, poderá contar com o conforto dos companheiros, com a unidade entre eles; todavia, no momento da

---

8. Ibid., VII, 35.

ruptura com o pai, Francisco está inteiramente sozinho e incerto quanto ao passo que dará a seguir.

6. Uma antiga amizade

A influência que Francisco exerce sobre os conterrâneos, desde a época em que, plenamente inserido na sociedade citadina, fora o rei das festas e das alegres brigadas, o rapaz extraordinário, o jovem engajado no partido dos *populares*, o corajoso combatente de Collestrada, o cavaleiro *in fieri*, também teve consequências importantes após a conversão.

O afastamento dos amigos fora a segunda separação difícil que Francisco teve de enfrentar após o rompimento com o pai; mas, se na primeira separação pôde contar com a força de reação à coerção paterna, na segunda delas, na separação dos amigos, teve de alimentar um sutil sentimento de culpa, talvez até mesmo um velado sentimento de traição diante daqueles com quem sempre se medira e que haviam representado durante anos a costa segura onde podia aportar com suas artimanhas e extravagâncias.

Devia ser gratificante ter a aprovação deles quando ainda era o príncipe dos companheiros, aquecer seus corações com sua mera presença e perceber neles a profunda confiança que, para além dos gracejos, sentiam em suas iniciativas.

Assim, não é difícil imaginar que, quando Francisco começou a se afastar, eles tenham sentido esse afastamento como um abandono. Também deve ter sido difícil entender a mudança de atitude, tornando-se Francisco cada vez mais silencioso e solitário. Depois de Spoleto, ele mostra visíveis sinais de cansaço em relação à vida que tinham compartilhado por muitos anos:

> E seus companheiros, dos quais já estava distante no coração, embora algumas vezes os acompanhasse fisicamente, vendo-o

tão mudado voltavam a perguntar por brincadeira se queria encontrar esposa[9].

Tampouco é de se excluir que, diante desse afastamento, de início reagissem unindo-se ao coro dos que escarneciam dele:

> O qual, vendo aqueles que o conheciam de antes e comparando-o àqueles primeiros tempos, injuriavam-no com impropérios, chamavam-no de tolo e insano, atiravam-lhe pedras e lama das ruas e, vendo-o tão magro e mudado em comparação ao que era antes, pensavam que tudo o que fazia era por falta de cérebro e estultice[10].

Talvez, nessa fase, ainda esperassem fazê-lo voltar a si, fazê-lo reagir, talvez ainda esperassem que fosse uma crise apenas momentânea. E talvez, ao expulsar o Francisco mendigo, expulsassem a sombra de um perigo que sentiam se apresentar a todos. Ademais, era difícil se despedirem trocando bênçãos, porque a mudança de rota de Francisco podia se transformar num muro contra o qual todos corriam o risco de se chocar. Provavelmente era isso que, de início, não conseguiam lhe perdoar: que tivesse – malgrado seu – feito de sua conversão uma armadilha para todos.

Por fim, quando lhes ficou evidente que sua opção pela mendicância não podia ser atribuída a uma excentricidade passageira, não podia ser interpretada como uma das suas extravagâncias, quando suas exortações também começaram a lhes soar como incontornável admoestação, eles próprios preferiram mudar de vida em vez de prosseguir sem Francisco na mesma vida de antes.

A "catástrofe" que se abatera sobre a família de Pietro di Bernardone então começou a atingir diversas famílias de Assis, uma após a

---

9. Ibid., VI, 36.
10. Ibid., VI, 29.

outra, tornando-se uma onda que veio a condicionar toda uma geração, mudando a face da cidade, que desde então ficou marcada por uma presença constante e crescente de frades e de freiras.

Para seguir Francisco, homens e mulheres se afastaram, um a um, dos circuitos familiares, abandonando o ofício, a casa, as ligações afetivas.

E temos vontade de perguntar: quem eram esses jovens que aos poucos se uniram a Francisco? Eram homens cujos nomes – os que chegaram até nós – revelam que eram pertencentes a famílias abastadas da cidade: Bernardo di Quintavalle, Giovanni della Cappella e Rufino di Scipione eram nobres, Masseo da Marignano era cavaleiro, e da alta burguesia provinham Morico, Giovanni di San Costanzo e Bernardo di Vigilante; das fileiras do clero chegavam Pietro Cattanei e Silvestro, e do *popolo grasso* vinham Sabbatino, Egídio e Ginepro.

Só um camponês se uniu – na época – ao grupo: Giovanni da Nottiano, exceção que confirma que, de modo geral, a primeira fraternidade foi constituída por jovens abastados da cidade, os quais – como atesta a *Lenda dos três companheiros* – tinham dificuldade, após a conversão, em receber esmolas devido à sua origem social elevada:

> Dali a poucos dias vieram outros três homens de Assis, isto é, Sabbatino, Morico e Giovanni della Cappella, rogando ao beato Francisco que os recebesse como frades e ele os recebeu humilde e benevolamente. E quando pediam esmolas pela cidade, raramente lhes davam, recriminando-os por terem dado seus bens para comerem à custa dos outros[11].

As mulheres que se uniram ao grupo de Francisco também provinham das fileiras da nobreza citadina. Entre as doze primeiras companheiras de Clara, descendente da nobre família de Favarone di

---

11. Ibid., IX, p. 46

Offreduccio, metade delas eram parentes suas e a outra metade eram amigas de infância, vale dizer, mulheres de alta linhagem.

Ora, parece evidente que esses jovens – que, em muitos casos, têm comprovados vínculos de parentesco – se conheciam uns aos outros ou, melhor, eram unidos por laços de amizade anteriores à escolha de viver em comunidade. Aliás, seria mais tortuoso imaginar que, mesmo oriundos do mesmo grupo social, fossem eles os únicos jovens do pequeno burgo situado ao lado dos Apeninos que não haviam mantido relações de parentesco e de amizade com Francisco, do que o inverso.

Os companheiros atestam que, alguns anos mais tarde, Francisco recusará acolhida a alguns aspirantes a frade que não lhe pareceram ter uma vocação sincera, e terá cada vez mais cuidado para avaliar se os novos ingressos são efetivamente adequados. Seus primeiros companheiros ele acolhe sem qualquer crivo prévio, e por causa deles, aliás, converte sua decisão de seguir sozinho o Evangelho num projeto de vida estruturado e comunitário.

É impossível deixar de ver na adesão desses jovens abastados à forma de vida de Francisco os sinais de cansaço em relação a uma atmosfera urbana, que as fontes nos descrevem como um clima envenenado pela luta entre as facções. Basta correr os olhos pelas *vitae* dos santos baixo-medievais para compreender que, de Ubaldo, em Gubbio, a Nicola, em Tolentino, de Francisco, em Assis, a Domingos, em Bolonha, o que mais se pedia a esses homens santos e respeitáveis era que favorecessem a paz, reconciliassem as partes políticas, fossem mediadores nas disputas entre autoridades citadinas. Assim, é possível imaginar que os jovens de Assis, educados no ódio de casta, prisioneiros das paliçadas erguidas pelos pais, considerassem que unir-se a Francisco representava também uma via de saída de um sistema opressor de valores. Era uma via que não podia coincidir com a saída já existente do monaquismo, pois este repropunha em seu interior as mesmas distinções de classe vigentes na sociedade. O que eles queriam, pelo contrário, era criar uma fraternidade de iguais, de religiosos postos no mesmo nível, homens e mulheres, pobres, velhos e novos ricos, laicos e clérigos, letrados e iletrados. Pretendiam, em primeiro lugar, rejeitar a suposta sacralidade do sangue, ciosamente defendida pelos pais e usada como pretexto para ignorar os excluídos desse vínculo de parentesco. Aspiravam, em primeiro lugar, a anular aquelas barreiras de nascimento, que pretendiam prevalecer sobre todo e qualquer vínculo, e a abraçar aqueles que seus pais consideravam como cidadãos de diferente humanidade.

Note o leitor que, quando tentarem apresentar, na segunda metade do século XIII, o primitivo movimento franciscano como um grupo de homens rústicos e ingênuos, estarão sustentando uma mentira calculada, pois, pelo contrário, ele era constituído pelas primícias da juventude citadina, por um grupo de moças e rapazes abastados e bem inseridos socialmente, que dispunham dos meios culturais e sociais para avaliar plenamente o peso de suas escolhas. Foram escolhas, de fato, que se revelaram determinantes para eles, para sua pequena cidade e para toda a sociedade.

IV

A vida na Porciúncula

1. A fraternidade

Para Francisco, como dissemos, o fato de acolher junto de si os companheiros significou renunciar à vida que abraçara inicialmente: uma vida às margens da cidade, sem contornos definidos, sem uma regra ou um projeto estruturado, somente a pobreza e a marginalidade servindo-lhe de guia.

A chegada deles, porém, levou-o a transformar sua livre adesão ao Evangelho numa fraternidade cada vez mais organizada, que depois resultou numa verdadeira ordem religiosa. Começou com o pedido ao papa de uma aprovação oficial para seu grupo, o qual, crescendo dia a dia, já começava a despertar dúvidas fora de Assis. Como sempre, viam-se com suspeita os grupos dispersos e improvisados de mendigos, entre os quais se escondiam, sem que os demais soubessem, ladrões, assassinos e hereges.

Pessoalmente, Francisco nunca receara ser identificado com cismáticos e malfeitores, mas não pretendia que seus companheiros corressem o mesmo risco. Isso não significava, porém, que visse seu encargo como um peso; pelo contrário, eles representavam o antídoto a tantas amarguras e àquela solidão que o acompanhara pelas ruas de Assis, quando começara a esmolar entre os sarcasmos e as injúrias da comunidade citadina. O Francisco dos primeiros anos da conversão é, com efeito, extremamente solitário. Sua escolha contraria as formas já experimentadas e reconhecidas de vida cristã. Não é monge, não é diácono, não é sacerdote, não é eremita, não é tampouco mendigo em sentido estrito, nem laico a exemplo daqueles como Homobono de Cremona, que, mesmo permanecendo no mundo, como vimos, haviam colocado sua vida a serviço dos mais pobres.

É difícil, se não impossível, definir o que Francisco era nessa fase, pois ele mesmo afirma em seu *Testamento* que não havia ninguém a lhe dizer como devia proceder. É uma fase experimental, portanto, uma fase de pesquisa.

A chegada dos primeiros companheiros a San Damiano assinala o fim dessa fase e, ao mesmo tempo, a perda das esperanças de Pietro di Bernardone; devia ter esperança de que Francisco se exauriria gota a gota com a solidão, até se render e voltar para casa. E é precisamente para aguçar esse isolamento que parece se destinar sua decisão de deixar de falar com o filho e proibir que os outros parentes mantenham relações com ele. A chegada de seus frades, porém, traz-lhe uma nova família, que será seu lar até o final da vida.

Quer estivessem reunidos em oração na igreja da Porciúncula ou retirados em eremitérios distantes, quer atravessassem alguma parte da via Francigena ou se detivessem para pregar numa praça da cidade, uma coisa era evidente para todos, a saber, que os companheiros se amavam: "Amavam-se com íntimo amor e um servia o outro e o nutria como uma mãe ao seu único filho querido. Tanto ardia neles a caridade que lhes era fácil expor o corpo à morte, não só pelo amor de Jesus Cristo, mas também pela saúde da alma e do corpo de seus irmãos"[1].

Para Francisco, a chegada dos companheiros foi um privilégio. Um privilégio concedido a poucos, o de poder contar com o abraço pressuroso de amigos que o amaram incondicionalmente até o fim.

---

1. TreComp, XI, 56.

Para nós, espectadores póstumos de sua história, a chegada deles determinou a possibilidade de conhecê-lo, pois sua afeição em vida traduziu-se depois da morte – como vimos – numa defesa obstinada da memória de Francisco, uma defesa que se fez escrita. Uma escrita que nos transmitiu um número impressionante de lembranças e testemunhos que afluem para fazer de Francisco o personagem mais acessível e reconhecível de toda a história medieval.

Eles que haviam crescido com Francisco em Assis, eles que o haviam seguido, confusos e perplexos, no caminho do mais rigoroso ascetismo, legaram-nos páginas únicas pela clareza e intensidade, que a seguir apresentaremos ao leitor, pelo menos em parte, pelo menos em alguns excertos.

2. Um cesto de peixes

Quando o número de companheiros começou a aumentar, Francisco procurou um local para fixar residência.

Procurava um local que tivesse uma igreja ao lado para rezar as horas litúrgicas e espaço para uma horta.

Solicitou ao bispo, aos cônegos de São Rufino e ao abade beneditino do Monte Subásio. Somente este último lhe cedeu uma igrejinha, a menor de que dispunha, mas com um terreno anexo.

Ficava no vale, e junto a ela ficavam as estruturas habitacionais que antes serviam de dormitório para os monges, quando ainda desciam até a planície, duas ou três vezes ao ano, para trabalhar nos campos.

Os frades a receberam em aluguel e todos os anos, para honrar o contrato de locação, Francisco enviava aos monges um cesto de peixes, como testemunho de que o local não era seu nem dos companheiros, de que nada era seu nem de seus companheiros:

Embora o abade e os monges tivessem cedido a Francisco e a seus frades a igreja sem querer nada em troca e nem um tributo anual, Francisco, porém, como bom e sábio mestre que quer edificar sua casa sobre uma sólida rocha, ou seja, fundar sua congregação sobre uma sólida pobreza, todos os anos enviava ao abade um cesto cheio de peixinhos miúdos, em sinal de máxima humildade e pobreza, para que os frades não tivessem a propriedade de lugar algum e tampouco morassem ali a não ser como domínio de outros, para não terem o poder de vender ou alienar de nenhum modo.

E todos os anos, quando os frades levavam os peixinhos aos monges, estes, em agradecimento pela humildade, doavam a ele e a seus irmãos um vaso cheio de azeite[2].

Não queria que seus filhos possuíssem sequer o menor lugar com direito de propriedade e que morassem sempre como peregrinos[3].

Francisco restaurara a igreja – chamada Santa Maria dos Anjos, mas conhecida como Porciúncula devido a suas pequenas dimensões –, como já havia feito com San Damiano. Graças ao trabalho dos companheiros, em pouco tempo a reforma ficou pronta: as rachaduras preenchidas com reboco, o piso varrido, os paramentos eclesiásticos reformados e o azeite para manter as lamparinas acesas mendigado em rodízio na cidade.

Assim começa sua fraternidade, cuidando dos locais, atribuindo-lhe importância. O homem que conserva é um homem que ama e, portanto, pode voltar os olhos para o próximo. É o cuidar que, dia após dia, dá corpo à caridade, afastando-a de uma dimensão genérica, reclinando-a sobre o rosto amado de um companheiro, sobre a faina de um camponês amigo, sobre as paredes familiares da Porciúncula, sobre as traves de madeira avariadas do mosteiro.

---

2. CompAss, 56, 132-135.
3. Ibid., 23, 66-67.

A igreja onde se reza, a casa onde se dorme, a horta onde se cultiva devem receber cuidados constantes, porque é onde se reza, onde se dorme, onde se cultiva, onde se trabalha, que o mundo pode assumir mais facilmente o aspecto de uma criação ordenada e harmoniosa. Sempre que encontram uma igreja, uma ermida, uma cabana depauperada ou abandonada, os frades varrem, tiram o pó e removem as folhas que ali se acumularam. É um gesto que se deve a Deus, e é um gesto que se deve a quem deve encontrar em casa a beleza, que é a negação do caos e da falta de sentido. Talvez fosse por isso que as igrejas descuidadas – em que as pedras irregulares e frouxamente assentadas trazem o risco de estragar – sempre lhe atraíram a atenção e a mendicância de fundos para restaurá-las foi uma das principais ocupações de Francisco. Eram igrejinhas antigas, de campanários miúdos, meramente apoiados nos telhados, sustentando um único e imperceptível sino. O piso estragado apresentava desníveis e buracos, os batentes das portas se mostravam corroídos e desencaixados. Quem fosse visitar o canteiro da catedral, aberto na cidade alta, na praça São Rufino, veria pedras regulares, paredes aprumadas, batentes compactos, vigas sólidas e campanários altos e majestosos, cujos sinos tinham a missão de conclamar nos dias solenes de festa todos os habitantes da cidade, até a última casa situada no limiar das muralhas. O som franzino das pequenas estruturas como a Porciúncula e San Damiano, por outro lado, limitava-se a marcar o ritmo diário da comunidade, que se apinhava ao redor. Aqui, a chama das poucas velas criava uma atmosfera mais quente e introspectiva em comparação ao brilho das muitas velas acesas na catedral; aqui, o olhar se detinha mais facilmente no único crucifixo de madeira existente; aqui, o contato próximo com as paredes de pedra, com o banco de madeira, com a luz escassa, filtrada pelas janelinhas miúdas das paredes nuas, favorecia a oração e facilitava o recolhimento.

3. O vilarejo da Porciúncula

Dia após dia, graças ao trabalho dos frades, o vilarejo abandonado pelos monges volta à vida. Francisco e os companheiros formam um grupo de jovens na flor da idade, movidos por um grande impulso: em suas mãos, todos os lugares voltam a florescer, arrancados ao abandono e à ruína. Os velhos casebres são restaurados com palha, barro e madeira; cria-se no centro de cada casebre um espiráculo para o fogo: o fogo robusto e forte que os aquecerá nas noites de inverno. Em cada catre estende-se um saco cheio de palha ou de folhas e, por cima, à guisa de coberta, estende-se uma pele de animal. Não há necessidade de cadeiras: os frades se sentarão no chão, em assoalho de tábuas elevadas para isolá-los da umidade que se eleva do terreno. Na cozinha, amontoam-se tigelas de madeira e colheres rudimentares. Adapta-se um aposento – a antiga enfermaria dos monges – como alojamento para os frades enfermos, que receberão cuidados no leito, num rodízio constante dos companheiros. Mesmo o bosquezinho, situado no limite do mosteiro, passa por uma limpeza, removem-se os espinheiros, até se transformar na catedral a céu aberto onde os frades farão frequentes retiros para meditar.

Lavra-se a horta torrão por torrão e, por ordem de Francisco, deixa-se uma parte livre para que possam crescer ervas espontâneas e perfumadas flores silvestres:

> Dizia ao frade encarregado da horta para não cultivar ervas comestíveis em todo o terreno, mas que deixasse uma parte livre para produzir ervas verdejantes, que na estação propícia produziriam as irmãs flores. Aliás, recomendava-lhe também que fizesse um canteiro numa parte da horta para plantar os aromas e todas as plantas que produzem belas flores, para que na primavera convidassem quem os olhasse a louvar a Deus[4].

---

4. Ibid., 88, 264-265.

Os frades trabalham e plantam para suprir suas necessidades alimentares, mas o que a horta não produz, podem procurar nas extensas matas e florestas que se abrem atrás do mosteiro. Os primeiros companheiros de Francisco são homens dos Apeninos, isto é, são coletores natos, acostumados a um constante diálogo com o bosque, verdadeira despensa a céu aberto. Na primavera poderão coletar aspargos, medronhos e tubérculos; no verão, morangos, figos e ameixas silvestres; no outono, maçãs, peras, castanhas, cogumelos, nozes e amêndoas; no inverno, resinas e ervas medicinais. Nos prados do vale, poderão colher menta selvagem, rúcula, chicória, flor de dente-de-leão e borragem. Nas águas do Tibre, do Trasímeno, de Piediluco poderão pescar trutas, cações, tencas e lúcios para pôr à mesa nas sextas-feiras ou nas quaresmas de São Miguel, de São Martinho e da Páscoa, quando a proibição de consumir carne os obrigara a alimentos magros. Nas águas lentas do Clitunno pegarão os camarões de rio, pesca prelibada, a preferida de Francisco, boa para honrar a mesa dos frades nos dias festivos.

Os frades trabalharão como braçais junto aos camponeses da área, aceitando em pagamento apenas alguns pães de centeio, couves, cenouras, uma dúzia de nabos, um par de ovos, um pouco de carne, uma jarra de azeite, um frasco de mel: o que o camponês tiver para lhes oferecer, dependendo da estação e da disponibilidade, mas, de todo modo, nunca dinheiro. Dinheiro, os frades não podem em hipótese alguma receber, tocar ou manusear, e quando o pagamento em espécie pelo trabalho realizado, somado aos rendimentos da horta e ao fruto da coleta espontânea, não for suficiente para matar a fome daquele dia, poderão subir o monte e procurar caridade na cidade, confiando que aquilo que não lhes chegou pelo trabalho chegará pela graça de Deus.

Com o crescimento da fraternidade, com a expansão de sua fama, as esmolas começaram a vir espontaneamente. Em Assis ou nas zonas limítrofes – onde os frades muitas vezes ficavam em busca de novos eremitérios e novas praças para a pregação –, pessoas abastadas começaram a lhes enviar cestos repletos de alimentos crus e cozidos, que chegavam inesperadamente aos frades, mas atendendo pontualmente à necessidade:

> Sentados à mesa, tinham-se posto a comer quando alguém bateu à porta. Um frade foi abrir e eis que uma mulher trazia um grande cesto cheio de belos pães e peixes e uma torta de camarão e mel e cachos de uva quase fresca. Era um presente enviado a Francisco pela senhora de um castelo que ficava a quase sete milhas do eremitério[5].

4. Irmão corpo

Francisco não é defensor de dietas torturantes nem de jejuns ascéticos. Os frades podem comer qualquer alimento que lhes seja oferecido como pagamento pelo trabalho ou como caridade recebida.

Valem as prescrições que vigoram para todos os religiosos de ambos os sexos: recomenda-se moderação na alimentação e respeito à obrigação de abstinência de carne nas sextas-feiras e nas épocas de quaresma. E, se um frade sentir em alguma hora do dia ou em algum período do ano a necessidade de uma quantidade suplementar de alimento, poderá se servir e, aliás, os demais confrades comerão junto com ele, para que não se envergonhe por comer, tal como faziam nos primórdios da fraternidade, quando os frades ainda moravam no abrigo de Rivotorto, a poucos quilômetros da Porciúncula:

> Nos primórdios da Ordem, quando o beato Francisco começou a ter frades, morava com eles em Rivotorto. Certa vez, por volta da meia-noite, quando todos dormiam em suas camas, um dos frades gritou: "Estou morrendo! Estou morrendo!". Espantados e assustados,

---

5. Ibid., 68, 188-189.

os frades acordaram. Francisco se levantou e disse: "Levantem-se, irmãos e acendam uma luz".

Acesa a luz, o beato Francisco disse: "Quem gritou: Estou morrendo?". Aquele frade disse: "Fui eu". E disse-lhe Francisco: "O que tens, irmão? De que estás morrendo?". E ele: "Estou morrendo de fome". O beato Francisco, como homem cheio de caridade e discrição, mandou prepararem imediatamente a mesa. E para que aquele irmão não se envergonhasse por comer sozinho, todos comeram junto com ele[6].

Para Francisco, o corpo não deve ser negado, pelo contrário, deve ser atendido com equilíbrio e solicitude. As teorias neoplatônicas, que afloravam variadamente numa parte do pensamento teológico da época, acabaram por olhar para o corpo como uma prisão do espírito, que anseia em voltar ao Uno do qual foi separado no nascimento. Dessa perspectiva, abraçada por diversos movimentos pauperistas, em primeiro lugar pelos cátaros, o corpo devia ser fustigado e reprimido por representar um perigo constante para a pureza do espírito, a qual só poderia ser atingida com o completo afastamento das pulsões terrenas.

Francisco, pelo contrário, recomenda aos frades que escutem as exigências do corpo, na convicção de que quem não as respeitar, quem não as mantiver em equilíbrio e diálogo com as exigências do espírito, cedo ou tarde causará dano ao próprio espírito:

> O servo de Deus, seja comendo ou dormindo e em todas as outras necessidades, deve atender com medida a seu físico, para que o irmão corpo não se torne insolente e resmungue dizendo: "Não posso ficar de pé, não posso prosseguir a oração, nem ficar sereno nas tribulações ou fazer o bem porque não cuidas de mim"[7].

---

6. Ibid., 50, 110-111.
7. Ibid., 120, 404-405.

5. O dia dos frades

A recitação do ofício litúrgico divide o dia dos frades, a intervalos regulares, de três em três horas. Por oito vezes ao dia, meditarão lendo no breviário hinos, salmos, passagens da Escritura, capítulos da literatura patrística, e entoarão louvores em honra aos defuntos, aos santos e à Virgem.

O dia de Francisco e dos companheiros se iniciará em plena noite para a recitação do Noturno, uma oração que se reza quase a dormir, quando a consciência ainda está líquida e favorece as alegrias mais íntimas do espírito. Essa é a hora que pertence somente aos religiosos, quando a escuridão é profunda e o silêncio reina incontestado.

Voltando a dormir, os frades acordarão ao canto do galo, não tendo ainda o sol alongado suas sombras sobre a planície úmbria: uns chamarão os outros, dirigindo-se ordenadamente à igreja para a recitação das Laudes. O frio nessa hora será pungente e penetrará nos ossos, mas a luz acesa das lamparinas lhes dará a impressão de atenuar ligeiramente a umidade condensada nos vidros das janelas.

Ao saírem da igreja, já será o alvorecer e o perfil dos montes se destacará ao sol nascente.

No inverno, as névoas matinais tardarão a se dissipar, um caudal compacto de neblina permanecerá imóvel a jusante, no antigo leito do rio pré-histórico, fazendo desaparecer a cidade e os vilarejos que o circundam. Olhando ao redor, não será possível ver os cumes cobertos de neve. Então os frades entrarão na cabana que lhes serve de mosteiro, para amaciar o pão seco no caldo fervente: a primeira refeição do dia. Depois retornarão à reza do ofício, na hora prima, preparando-se para dar início ao trabalho. Se, porém, o céu assumir um aspecto parado e imóvel, se ficar branco e denso, e os frades, erguendo o olhar para o topo do Subásio, virem cair os primeiros flocos de neve, será difícil porem-se a trabalhar. Se os flocos começarem a turbilhonar, será uma nevasca e não poderão sequer subir à cidade para a mendicância cotidiana. O fogo crepitante e o caldo fervente os protegerão, fechados nas cabanas entre a tormenta que rodopia desenfreada a jusante, sem encontrar barreiras: hoje será oração, e o trabalho consistirá em resistir à tormenta. Hoje tampouco as cotovias comerão e os frades garimparão na magra despensa alguns legumes para a sopa.

Na primavera e verão, porém, após uma refeição de mel e fruta fresca, os frades seguirão para o trabalho nos campos, que nesse período é intenso; visitarão os leprosos ou partirão em viagem para alguma missão distante, segundo as tarefas previamente estabelecidas. Apenas quem estiver a cargo da cozinha e da horta ficará na Porciúncula, esperando o regresso dos confrades na hora sexta, quando os raios do sol caírem perpendiculares sobre a horta, e eles – depois da oração – poderão sentar-se à mesa. Será frei Ginepro a lhes preparar o pão fresco feito em casa ou os biscoitos de centeio; será ele a temperar as sopas com as ervas da horta e a preparar nos dias festivos alguma torta de frango ou de peixe. Depois da refeição, os frades poderão se retirar para suas celas e descansar até a hora nona ou passar esse intervalo recolhidos em meditação na mata junto à Porciúncula.

Nem sempre o espetáculo da natureza favorecerá a concentração. Em abril, quando o interior do bosque se revestir com o perfume das flores espalhadas, dos musgos, das ervas novas, dos ciclamens, das violetas, das samambaias e das heras trepadeiras será difícil permanecer concentrados na oração. Em maio, os frades correrão o risco de ficarem hipnotizados pela lenta passagem da infinidade de pólens suspensos no ar; em junho, será impossível não se imobilizarem diante do ondular das espigas acariciadas pelo vento do Subásio, agora inócuo devido ao solstício iminente.

No verão, será difícil não adormecer, entorpecidos pelo sol imóvel, embotados pelo canto fixo e incessante das cigarras.

No outono, não poderão resistir à tentação de se deitarem mimetizados no denso tapete de folhas, inspirando profundamente o aroma intenso das castanhas, dos cogumelos, dos incensos exalados no interior do bosque.

Arrancados à quietude das horas centrais do dia, em todas as estações, os frades retomarão o trabalho até as vésperas, quando o azul da noite vier apagar as cores rubras do crepúsculo, acendendo a primeira estrela da noite que os chamará, mais uma vez, para a oração.

Recitarão a prece aglomerados na igreja, ou, se longe e apartados de casa, em dois a dois, mas nunca sozinhos, porque o cair das trevas é a hora mais difícil de passar em solidão e a mais doce de compartilhar com os confrades.

Após um jantar frugal, nas Completas, os frades recitarão a última oração do dia, antes de se entregarem – em nome do Pai celestial – a um merecido sono profundo.

Uma vez, depois de ter sido acolhido, doente, pelo cardeal Leone, retornando de Roma foi apanhado por uma persistente tempestade. Apesar da chuva e de estar completamente molhado, desceu ao chão e parou à margem da estrada para recitar o ofício: "Se o corpo – dizia – quer ter com toda a tranquilidade seu alimento, que com ele depois se tornará pasto para os vermes, com quão maior paz e tranquilidade não terá a alma o seu, que afinal é o próprio Deus?"[8].

6. Natal

Se, no intervalo entre a hora sexta e a nona, caminhando ao longo da mata que margeia a Porciúncula, os frades virem despontar os frutos vermelhos da gilbardeira, isso significa que já estarão perto do Natal. Mesmo que a neve não caia diretamente sobre o vilarejo, o vento

---

8. Ibid., 120, 403-404.

trará do alto da colina alguns flocos ao vale para anunciar o inverno que se aproxima.

O Natal nos Apeninos é um Natal de neve, de musgos, de bagas. Um Natal frio, mas um frio seco que se suporta bem, exceto quando o vento sopra com força e penetra agudo sob as vestes dos frades, infiltrando-se sob seus mantos e sob as portas de suas cabanas.

O vento do Subásio raramente desiste de lembrar a seus inquilinos que é o senhor incontestável daquele reino; a vida na cidade muda sensivelmente consoante, em busca de algo, ele desça irrequieto, ameaçando tempestade, levantando do chão espirais de folhas e redemoinhos de bolotas, ou se, apaziguado, esconda-se no cume achatado do monte, desistindo por algum tempo de dar a sentir sua tenaz presença.

Em todo caso – quer adormeça dócil, quer desperte rebelde –, antes do grande frio dos meses invernais, o frio do Advento ainda é um tempo ameno nos Apeninos. E é, acima de tudo, um tempo diferente do usual, um tempo que preludia o período de festa.

Para Francisco, a festa mais comovente do calendário litúrgico é o Natal. Do ponto de vista teológico, certamente não é a mais importante, mas sem dúvida – para ele – é a mais tocante; é a que exerce maior atração sobre os fiéis porque fala de uma coisa simples e inócua, o nascimento de um menino insciente em Belém, enquanto a Páscoa é a morte de um "rei" ciente em Jerusalém. Se o intelecto consegue perscrutar o mistério da Páscoa, apenas ao calor do Natal o espírito se acende, e um espírito inflamado se converte mais facilmente do que uma mente iluminada:

> Francisco tinha pelo Natal do Senhor mais devoção do que por qualquer outra festividade do ano, porque, embora o Senhor tivesse obrado nossa salvação nas outras solenidades, foi, porém, desde o dia em que nasceu para nós – dizia o beato Francisco – que ele obrou para nos salvar. É por isso que ele queria que, no Natal, todo cristão exultasse no Senhor e que por amor dele, o qual se

deu inteiramente a nós, fosse grande e generoso com ímpeto e alegria não só em relação aos pobres, mas também em relação aos animais e às aves[9].

O Natal deve ser, portanto, o dia da alegria e da abundância para todos. Só será Natal se o for para todos.

Consumirão alimentos gordos, raros, geralmente ausentes da mesa dos frades, como a carne, os queijos curados, o vinho, o azeite, a banha e a fruta fresca. Mendigos, camponeses, médicos, notários, nobres se unirão à mesa dos frades para festejar com eles, e as mulheres enviarão aos frades e aos pobres que vivem com eles tortas de amêndoas e mel, doces natalinos, roscas pulverizadas com água de rosas, rocamboles doces recheados de mel, uva, nozes e canela, biscoitos de anis e pães de especiarias.

Todos se empenharão nesse dia em ser "o Natal" de outrem, sem esquecer ninguém, nenhuma criatura viva, homens e animais:

Nós que vivemos com Francisco e sobre ele escrevemos essas lembranças, atestamos tê-lo ouvido dizer várias vezes: "Se um dia eu falar com o imperador, suplicarei a ele que por amor de Deus e pela minha imploração emane um edito para que nenhum homem capture as irmãs cotovias ou lhes faça mal. E, além do mais, que todos os prefeitos das cidades e os senhores dos castelos e dos vilarejos tenham, todos os anos, no dia da Natividade do Senhor, de obrigar os homens a jogarem trigo e outros grãos pelas estradas fora das cidades e dos burgos fortificados, para que principalmente as irmãs cotovias e os pássaros tenham o que comer num dia tão solene. E como reverência ao Filho de Deus, que nessa noite a mãe deitou entre o boi e o asno, todo homem, nessa noite, dê bastante de comer aos irmãos bois e asnos. E do mesmo modo, na

---

9. Ibid., 14, 48-49.

Natividade do Senhor, que todos os pobres sejam saciados em abundância pelos ricos"[10].

7. Greccio

Subir o monte ou ficar no vale significava para os frades abraçar uma perspectiva de vida diferente, que se traduzia num diferente tipo de compromisso e de atividade. Viver na Porciúncula significava se dedicar à assistência dos doentes, confinados nas instituições de caridade situadas às margens das cidades, entre as quais se deve incluir San Damiano, primeira moradia de Francisco.

Viver no vale também significava caminhar ao longo da Flaminia que, em direção ao sul, chega a Spoleto, Terni e Roma, onde o número de leprosos e indigentes a serem atendidos era maior, ou prosseguir para o norte, chegar à vizinha Perúgia, de onde, margeando o Trasímeno, podia-se chegar à populosa Arezzo ou às florescentes Siena e Florença.

As praças e os adros dessas cidades eram os púlpitos naturais para os frades, onde faziam ressoar sua mensagem de esperança para as multidões desesperadas, que todos os dias vagueavam por ali, de um lado a outro.

Mas se os frades se dirigiam da praça da Prefeitura de Assis para o leste, passando pela Porta Perlici, significava que pretendiam escalar as trilhas acidentadas dos Apeninos, que traçavam uma trajetória totalmente diferente da que se encontrava no vale.

Às costas da cidade entrava-se imediatamente em contato com a floresta, que se estendia densa sobre aquela única macrorregião, sobre aquela única extensão montanhosa, que do Monte da Verna chega ao Subásio, do Velino ao Vettore e do Terminillo à Maiella. Ali os frades

---
10. Ibid., 14, 47-49.

desapareciam em eremitérios escondidos e inacessíveis, sozinhos ou com outros confrades, para se dedicar à oração e à meditação solitária.

A paz que ali reinava era imensa e, passando por uma dessas sendas, a que margeava o lago de Piediluco, os companheiros chegavam a Greccio, na região de Rieti.

Esse local se tornou para eles uma segunda Porciúncula, um local familiar e querido, um local que logo se cumulou de lembranças significativas para a fraternidade. Como veremos, depois da morte de Francisco, Greccio se tornou também uma espécie de posto avançado da resistência franciscana, onde se refugiarão aqueles que quiserem se manter fiéis à regra e ao testamento de Francisco.

Quando os frades chegaram ali pela primeira vez, era um lugar agreste e selvagem, e talvez tenham encontrado um eremitério abandonado. Francisco e os companheiros providenciaram tábuas de madeira e tiraram os espinheiros de toda a área adjacente, lavrando o terreno com paciência, removendo as pedras maiores que impediam o cultivo; essas pedras, lavadas no rio, eram depois utilizadas para reforçar as paredes de um oratório, onde podiam se reunir para recitar o ofício.

Também limparam um pedaço de terreno para plantar alguns legumes e deixar espaço para o nascimento de algumas flores espontâneas, amores-perfeitos, rosas silvestres, aquileias, margaridas e ranúnculos, que alegrariam o passeio vespertino dos frades, na hora em que lhes era permitido deixarem a alma divagar contemplando a criação.

Depois de algum tempo, o abrigo estabelecido naquela zona começou a ressoar nas horas canônicas com seus cânticos de louvor, até alcançar as habitações próximas e marcar o dia dos próprios habitantes do lugar; timidamente, acostumaram-se a sair de casa e – subindo até o eremitério – ficar ao ar livre para responder à oração dos frades.

Por mais que esses novos "monges" provenientes de Assis se mostrassem rústicos e esfarrapados na indumentária, quando falavam, mostravam ser instruídos e competentes em matéria religiosa. Conheciam as Escrituras e sabiam como traduzi-las para o vernáculo, o que, aos olhos dos moradores, fazia-os religiosos de pleno título. O conteúdo de suas pregações, ademais, era afetuoso e paterno, não era assustador como o dos outros pregadores itinerantes, não deixava no auditório nenhum sentimento de culpa avassalador, nenhum sentimento de amarga derrota, mas, pelo contrário, era tranquilizador em relação a uma possível glória futura.

Mesmo quando não os viam passar pelas ruas do burgo, os habitantes locais começaram a senti-los como uma presença positiva, capaz de difundir uma luz benéfica sobre suas vidas e suas moradas.

Às vezes, desciam com o alforje a tiracolo para esmolar. Quando o trabalho na horta começou a dar resultados, tornou-se cada vez mais raro vê-los mendigar. E a certa altura os próprios esmoleres passaram a fazer o caminho inverso, subindo ao eremitério no lombo dos asnos para levar alimentos em abundância e cozidos de carne, que os frades ofereciam a quem quisesse se juntar à mesa deles.

Depois de algum tempo, mesmo bispos e cardeais começaram a subir a cavalo, e na cidade as pessoas começaram a se perguntar o que os levaria àqueles frades pobres, que não se envergonhavam em bater às portas – quando precisavam – para mendigar. Mas, depois, espalhou-se a notícia de que aqueles que estavam lá em cima, no eremitério, trabalhando como camponeses, antes eram filhos de famílias ricas, eram descendentes da nobreza de Assis. Então pareceu-lhes evidente a razão daquele ir e vir: sua influência anterior no mundo não deixava de lhes trazer agora a visita de pessoas de respeito.

Com o tempo, a fama daqueles frades amados pela Cúria começou a voar de um canto ao outro daquela única região montanhosa que se estende entre Rieti e Arezzo. Alguns anos depois de sua chegada a Greccio, também começou a se espalhar a notícia de que Francisco era um santo, e os moradores do pequeno burgo reatino também passaram a ser abordados na rua e as pessoas lhes perguntavam quem eram e como viviam aqueles frades.

Em Greccio, muitos decidiram segui-los e vestir o hábito, e muitos camponeses – mesmo continuando a morar em suas casas – tornaram-se seus amigos íntimos; era bonito ter os frades ali com eles, e várias damas da localidade começaram a amá-los como filhos; homens antes violentos mudaram de vida, ao passo que alguns indigentes Francisco tomou a seu cargo.

A chegada dos frades de Assis a Rieti foi, portanto, uma verdadeira pandemia; acendeu-se um contágio, nasceu o desejo de toda uma comunidade em fazer parte de sua vida, em compartilhá-la em parte ou por completo, cada qual segundo seus próprios meios, religiosos ou laicos que fossem:

> Francisco amava o eremitério de Greccio, onde os frades eram honestos e humildes e, entre todos os da província, tinha predileção pelos habitantes daquele povoado, embora fossem simples e pobres. Por isso ia com frequência descansar e residir naquele local, principalmente porque havia uma celazinha isolada, à qual se retirava. [...]
> A propósito dos homens e das mulheres de Greccio, frequentemente Francisco dizia todo feliz a seus frades: "Não se converteram à penitência tantas pessoas, nem mesmo numa cidade grande, quantas em Greccio, que é, no entanto, um povoado tão pequeno"[11].

8. A pobre de Machilone

A caridade pode nascer da convergência de vários componentes. Pode coincidir com um ato formal, assumir o aspecto do amor-próprio e da satisfação consigo mesmo ou até – anulando seu efeito – brotar de um coração frio, capaz de petrificar o beneficiário.

---
11. Ibid., 74, 210-211.

Mas, quando não assume o tom da esmola piedosa ou do sacrifício inevitável, pode jorrar com a força de um rio subterrâneo que encontra uma fenda no terreno: natural, premente, imediata como a de Francisco, testemunhada pelos companheiros. Quase um reflexo condicionado, uma reação fisiológica às necessidades do próximo, espontânea como espontânea é a respiração.

O rio caudaloso de sua caridade, porém, muitas vezes se chocava contra uma barreira igualmente natural: a vigilância dos frades guardiães. O próprio Francisco recomendara na Regra que se mostrassem sempre submissos aos frades guardiães, que se entregassem realmente à obediência, renunciando à própria vontade, conformando-se "como corpo morto" unicamente à vontade de Deus. Assim, os frades guardiães utilizavam aquele poder que lhes era conferido pela Regra para impedir que Francisco se desfizesse do que era necessário para seu próprio sustento:

> Outra vez, um pobre vestindo panos miseráveis chegou a um eremitério dos frades e lhes pediu pelo amor de Deus algum remendo. Francisco disse a um irmão para ir procurar na casa algum remendo ou pedaço de tecido para dar àquele pobre. O frade procurou por toda parte e voltou dizendo que não encontrara nada.
> Para não o mandar embora com as mãos vazias, Francisco pegou escondido uma faca (porque temia que o guardião o impedisse) e, sentado, começou a separar um remendo costurado no interior do hábito. Mas o guardião, intuindo o que queria fazer, foi até ele e o proibiu porque fazia um clima inclemente, ele estava doente e tinha calafrios. Disse-lhe Francisco: "Se não quiseres que eu dê a ele, terás de providenciar que alguém dê um remendo a esse irmão pobre". Assim os frades lhe deram um pano tirado de seus hábitos em respeito a Francisco[12].

---

12. Ibid., 91, 272-275.

As proibições dos frades guardiães, com o passar dos anos, fizeram-se cada vez mais irremovíveis, devido à saúde cada vez mais debilitada de Francisco. Este, então, fez-se cada vez mais ágil em contorná-los, para obedecer sem peias às razões da caridade, aprendendo também a apresentar o desejo de se desfazer-se de seus bens como obrigação de respeitar a Regra. Assim, um dia ele se dirige ao frade guardião e diz que chegou o momento de devolver a uma pobre mulher o que lhe haviam subtraído:

Uma pobrezinha veio de Machilone até Rieti para se curar de uma doença nos olhos. O médico foi até Francisco e lhe contou: "Irmão, veio até mim uma mulher doente dos olhos, mas é tão pobre que não só precisa que eu a cure, mas também que eu arque com suas despesas". Ao ouvir isso, o beato Francisco sentiu compaixão e mandou chamar um dos frades, que era seu guardião, e disse: "Frei guardião, temos de devolver o que não é nosso". E ele: "O que não é nosso, irmão?". Respondeu: "Esse manto aqui que tomamos emprestado daquela mulher pobre e doente, temos de devolvê-lo". Concluiu o guardião: "Irmão, faz o que te parece melhor". Então Francisco, todo contente, mandou chamar um amigo seu de grande espiritualidade e lhe disse: "Pega esse manto e doze pães, vai até aquela mulher doente dos olhos e dize-lhe: aquele pobre a quem emprestaste esse manto te agradece por lhe teres emprestado o manto. Agora retoma o que é teu". Ele foi e repetiu à mulher as palavras de Francisco. Mas a mulher, temendo que fosse zombaria, disse-lhe entre amedrontada e aborrecida: "Deixa-me em paz. Não sei do que estás falando". Mas ele lhe entregou o manto e os doze pães. Ela, constatando que ele falara a sério, desconcertada, mas feliz, pegou-os, mas, temendo que retomassem dela, levantou-se à noite e às escondidas voltou toda feliz para sua casa. Francisco combinara com o guardião que todos os dias, enquanto ela estivesse ali, pagariam todas as suas despesas pelo amor de

Deus. Nós que vivemos com ele, podemos testemunhar a infinita caridade e bondade que ele tinha em relação aos doentes e sãos, não só frades, mas todos os pobres[13].

9. Irmã cigarra

Os animais são como os homens, às vezes são bons e às vezes são ruins. Às vezes são solitários, às vezes andam em bandos, às vezes atacam ameaçadores e famélicos, como os lobos, que infestam os Apeninos por todos os lados.

Os Apeninos, aliás, são o lar natural deles e os homens, incautos, avançaram muito, construindo casas e erguendo povoados sobre eles.

Quando saem rancorosos de seus covis, os lobos podem transformar mesmo um pequeno paraíso como Greccio num inferno. E então desaparecem as flores perfumadas e os verdes vales e o som cristalino das torrentes e os céus translúcidos e estrelados. E então mostram-se como o que realmente são, adversários do homem, e nessas ocasiões é difícil pensar numa coabitação fácil e harmoniosa.

Quer cheguem em passos silenciosos, quer cheguem uivando irrequietos, os camponeses não têm outra proteção a não ser ficarem grudados junto a suas lareiras acesas.

Os lobos dos Apeninos incomodam Francisco porque incomodam seus amigos, tolhendo-lhes a liberdade e tirando-lhes a segurança: obrigam-nos a voltar cedo para casa, nunca depois do pôr do sol, a fechar bem os animais, a construir cercados cada vez mais inacessíveis. Em todos os povoados montanheses onde Francisco esteve para pregar ou assentar uma nova casa para os frades, as pessoas sempre lhe pediam a mesma coisa: afastar os lobos. E, para essas pessoas que vivem nas dispersas e míseras comunidades dos Apeninos, o lobo não

---

13. Ibid., 89, 266-269.

é uma metáfora, mas indica um perigo constante e malditamente concreto, pois inúmeras vezes ocorreu que um camponês imprudente, tentando pegar de volta suas ferramentas depois do pôr do sol, fosse cercado por uma alcateia e dilacerado em pedaços; inúmeras vezes ocorreu que uma criança encarregada de ir buscar água na fonte não voltasse mais para casa; inúmeras vezes ocorreu que os lobos descessem até os galinheiros, deixando-os desertos. Mesmo nesse pedaço de paraíso que é Greccio, não deixam de fazer sua visita, de atacar quem não consiga voltar rapidamente para casa. "Naqueles anos, a população de Greccio estava exposta a uma grande atribulação, que durou por vários anos: estava infestada de grandes lobos, que devoravam as pessoas e devastavam os campos e os vinhedos"[14].

Ao vale os lobos não descem. Não teriam onde se esconder e, de todo modo, não estão acostumados a andar em campo aberto. Mas no vale há ratos, enxames, bandos, frotas de ratos; roedores invasores e incômodos que pisoteiam qualquer coisa que encontrem, sem distinguir se é uma madeira podre inanimada ou um corpo de carne viva. Os ratos não dilaceram, não abocanham, como fazem os lobos. Roem aos poucos, enfiando-se por todo lugar, sob as roupas, até se arrastando entre as partes íntimas. Uma noite na companhia de ratos é uma noite maldita; Francisco passou por muitas delas e sua lembrança é devastadora:

> a cela onde jazia (era feita de esteiras, num canto da casa) estava tão infestada pelos ratos, que corriam ao redor e por cima dele, que o impediam de adormecer; incomodavam-no principalmente durante a oração. E não só à noite, mas importunavam-no também de dia; mesmo enquanto comia, subiam na mesa, e assim seus companheiros e Francisco consideraram o fato como uma perseguição do demônio, como de fato também foi[15].

---

14. Ibid., 74, 212-213.
15. Ibid., 83, 238-241.

Nem todos os animais são bons. Mas certamente alguns têm um espírito que canta, como os chapins, as cotovias ou as andorinhas que em nenhum outro vale do mundo, a não ser neste entre Assis e Spoleto, conseguem realizar saltos tão ousados, desvios tão intrépidos, giros tão temerários e planagens tão impávidas que impressionam a cada nova subida inesperada.

Há também aqueles animais dóceis, por natureza afetuosos e pacientes, que não têm preconceitos em relação aos homens ou às outras espécies animais; não marcam, não assinalam, não defendem o seu território, mas se contentam em viver o dia esperando apenas um abrigo, um pouco de alimento e de paz, exatamente como fazem os frades.

Esses animais chamam a atenção de Francisco, tal como fazem as ervas, as flores, as estrelas, a água e tudo o que – quando as forças ctônicas da natureza repousam e os demônios estão distraídos – faz o cosmo assumir uma face sorridente e encantada, que para ele aparece como o sinete incontestável de seu Administrador.

Além das cotovias, das quais já falamos, Francisco sente uma profunda afinidade com as cigarras

Uma vez, no verão, enquanto ainda residia naquele lugar e estava na última cela perto da sebe da horta, atrás da casa, saiu um dia e uma cigarra estava num galho de uma figueira próxima de sua cela, à altura da mão. Então ele estendeu a mão dizendo: "Vem, minha irmã cigarra", e imediatamente ela desceu sobre os dedos da sua mão. Ele com um dedo da outra mão começou a acariciá-la, dizendo-lhe: "Canta, irmã cigarra". E ela prontamente começou a cantar. Francisco ficou muito contente e começou a louvar o Senhor. Assim ficou durante uma boa hora com a cigarra na mão, depois recolocou-a no galho da figueira onde a pegara. Durante oito dias seguidos, quando ele saía da cela, encontrava-a sempre no mesmo lugar, e toda vez pegava-a na mão e, assim que a tocava e lhe dizia para cantar, ela cantava.

No oitavo dia, ele disse aos companheiros: "Vamos nos despedir da irmã cigarra; que vá para onde quiser, pois já nos alegrou bastante. Nossa carne poderia extrair vanglória disso". Despedindo-se dela, a cigarra partiu imediatamente e nunca mais voltou. Os companheiros ficaram atônitos como a cigarra o obedecera e se mostrara dócil com ele[16].

10. Um livro do Novo Testamento

Para confeccionar um missal é necessário o couro de várias ovelhas. Um missal é um livro de respeito, um livro que serve para a liturgia eucarística, e para sua confecção é melhor utilizar apenas as melhores partes do animal, as centrais em que o couro é mais claro e compacto.

O couro precisa ser raspado, rasqueado, macerado, secado em cal e depois dobrado em quatro, oito, dezesseis folhas que, devidamente cortadas, constituirão os fascículos, os quais – costurados junto com outros fascículos – formarão um códice, um livro.

Depois devem-se traçar linhas, invisíveis para o leitor, mas que são um guia indispensável para o escrevente, que passará horas se dedicando a fazer a tinta aderir à página, de maneira sistemática e uniforme, até obter uma cópia perfeita e completa de seu antígrafo.

Depois, nos espaços deixados em branco, outra mão, uma mão mais preciosa do que a do calígrafo, a mão de um artista, ilustrará com imagens as palavras e os milagres narrados, ou – se for modesto o valor pago pela confecção – se limitará a embelezar o começo de cada capítulo com letras de *incipit*: geometrizantes, floreadas, antropomórficas, quiméricas.

---

16. Ibid., 110, 362-365.

A vida na Porciúncula

Com tabuinhas de madeira, revestidas de couro, prepara-se a capa decorada, perfurada, tacheada ou, em todo caso, equipada com laços ou fechos de metal para abrigar o conteúdo raro e precioso.

O custo total correspondente às operações descritas consistia, no início do século XIII, num valor que hoje corresponderia a dois ou três mil euros. Para entender realmente esse valor, é preciso situá-lo numa época em que eram raríssimos os que dispunham dessa soma, enquanto agora muitos podem tê-la.

O livro, portanto, ao contrário de hoje, era um artigo de luxo, e a posição de Francisco proibindo que seus frades possuíssem livros, a obstinação de Francisco em se desfazer até mesmo dos livros necessários à oração, ao ofício das horas, à celebração da missa, para atender às necessidades de um mendigo, devem ser entendidas a partir de uma banal constatação: no século XIII, possuir um livro equivalia a manejar um pequeno capital, um capital, além do mais, móvel, muito fácil de revender.

Doar um livro a um pobre equivalia, portanto, a colocar à sua disposição, por um ou dois anos, uma despensa bem fornida de azeite, leite, ovos, carne seca, queijo curado, ricota fresca, mel e um vinho razoável; além de vários metros de tecido quente, bom para os rigores do inverno, e de tecido leve para enfrentar o mormaço parado do verão.

Um dia, uma mulher de Assis, mãe de dois filhos entrados na fraternidade de Francisco algum tempo antes, apresentou-se na Porciúncula e pediu para falar com ele:

> Outra vez, quando morava junto à igreja da Porciúncula, uma certa mulher idosa e pobrezinha que tinha dois filhos na Ordem dos frades, foi àquele lugar pedir esmola a Francisco porque naquele ano não tinha mesmo como viver. O beato Francisco se dirigiu a Pietro di Cattanio, então ministro geral: "Podemos encontrar alguma coisa para dar à nossa mãe?". Francisco afirmava que a mãe de um frade era mãe de todos os frades.

Respondeu-lhe Pietro: "Não temos nada em casa para dar a ela, mesmo porque ela gostaria de receber uma oferta consistente, para comprar o necessário para viver. Na igreja temos apenas um Novo Testamento, que nos serve para as leituras matutinas". Os frades, na época, não tinham breviários, e nem sequer muitos saltérios. Francisco retomou: "Dá à nossa mãe o Novo Testamento, para que o venda para suas necessidades. Creio que isso agradará mais ao Senhor e à beata Virgem sua Mãe do que o utilizarem para a leitura". E assim deu-o de presente a ela. De Francisco poderias dizer e escrever aquilo que se lê de Jó: "Desde o seio de minha mãe despontou e floresceu em mim a caridade". Para nós que vivemos com ele, seria longo demais descrever e narrar não só o que aprendemos dos outros sobre sua caridade, mas também o que vimos com nossos olhos[17].

11   Jograis de Deus

Há apenas duas maneiras de falar com o interlocutor: poupando-se e guardando para si toda energia vital, ou consumindo-se totalmente até a última força disponível.

No ofício da pregação – tal como ocorre nos vasos comunicantes –, a virtude de quem fala pode se transferir a quem ouve, mas, para que isso se dê, é preciso que o pregador se esforce em alcançar, elevar, sustentar o ouvinte, até abraçá-lo na alma.

É um esforço sobre-humano, se repetido quase diariamente por mais de dezoito anos, como aconteceu com Francisco, que ao longo da vida consumiu-se na atividade constante da pregação, da exortação, do ouvir centenas de mulheres e homens. Um esforço que o corroeu lentamente, até privá-lo de todas as energias.

---

17. Ibid., 93, 276-279.

Seguindo o exemplo de Francisco, os frades foram levados a criar essa mesma energia, necessária para recuperar corpos e almas já gastos, mas, como sua mensagem – mesmo anunciando a salvação – podia ter para os destinatários o sabor de um remédio amargo, também era preciso saber adoçar as bordas do copo com mel, para que os doentes se decidissem a beber.

Para tanto, Francisco recomendava aos seus que se rejubilassem quando estavam entre os pobres ou os leprosos, que se rejubilassem com uma alegria autêntica, não simulada, uma alegria palpável, que se tornasse contagiante para quem estivesse com eles. Os frades deviam sempre se lembrar, aonde quer que fossem, que, antes de mais nada, eram jograis e, enquanto tal, incumbidos de prender a atenção, abrir frestas na porta da alma dos que se detivessem para ouvir suas pregações.

Sem os outros servindo de suporte para suas ações, a vocação deles teria sido em vão, e também em vão teriam mudado de vida e sido alvos do desprezo do mundo:

> Queria e dizia que primeiro um deles – que fosse capaz disso – devia pregar ao povo e depois da pregação cantar as Laudes do Senhor como se fossem jograis de Deus. Terminadas as Laudes, queria que o pregador dissesse ao povo: "Somos os jograis de Deus e a recompensa que desejamos de vossa parte é essa: que vivais na verdadeira penitência".
> E costumava repetir: "O que são os servos de Deus senão seus jograis que devem comover o coração dos homens e elevá-lo à alegria espiritual?". Dizia isso sobretudo a respeito dos irmãos menores, que foram enviados ao povo para salvá-lo[18].

---

18. Ibid., 83, 242-243.

A escolha de Clara e as irmãs

1. No claustro a salvação

Para nós contemporâneos, a decisão de uma jovem mulher em entrar para a vida religiosa é uma renúncia à liberdade, talvez em nome de uma liberdade maior, do espírito, mas, em todo caso, uma renúncia à liberdade. Liberdade de trabalhar, de escolher o tipo de vida afetiva e familiar que prefere, de ter filhos ou não. A vinculação aos três votos, de castidade, pobreza e obediência, numa sociedade como a ocidental, em que as mulheres alcançaram um certo grau de emancipação e as novas condições materiais das massas permitiram o acesso quase que endêmico às conquistas tecnológicas e médico-sanitárias, não é uma brincadeira. Mas, para uma mulher do século XIII, entrar para a vida religiosa é – na maioria dos casos – uma escolha de liberdade, a conquista de um espaço de autonomia, de um papel reconhecido, da possibilidade de cultivar uma vida interior e intelectual.

Devemos nos esforçar em abandonar tanto a percepção ligada à opção religiosa contemporânea como "renúncia" quanto a percepção de tipo oitocentista do ingresso forçado num convento, funcional para a transmissão integral do patrimônio aos filhos primogênitos, pois, ao contrário do que ocorre na época moderna, na época medieval há registros de ingresso negado, e não de ingresso forçado. Ademais, tal possibilidade era quase exclusivamente reservada para as filhas das classes abastadas; as famílias pobres não podiam se permitir o ônus de um dote, necessário também para entrar num convento, salvo para as serventes, cujas vagas, porém, eram limitadas e insuficientes para atender ao elevado número de pedidos.

No século XII, além disso, muitas ordens tradicionais, como a cisterciense e a premonstratense, começaram a negar autorização para a abertura de novos mosteiros femininos, porque consideravam a organização e a assistência espiritual das irmãs demasiado onerosas.

Muitas mulheres, para contornar o problema da falta de vagas ou da impossibilidade de pagar um dote, do qual nem mesmo as nobres disporiam se os pais fossem contrários à sua decisão, começaram a se encerrar em torres, em locais abandonados ou em porões pertencentes à família, convertendo-os em celas particulares, para onde se retiravam em solidão e oração.

Estamos ainda numa fase em que os casamentos eram, em sua maioria, decididos pelas famílias, e o ingresso numa ordem religiosa passava a ser a única alternativa a um matrimônio indesejado. Mesmo no caso de uniões felizes, as mulheres estavam destinadas a numerosas gestações, expostas a uma alta mortalidade devido ao parto e submetidas a um papel passivo, sobretudo na educação dos filhos, considerados "propriedade" paterna.

Normalmente, as mulheres que enviuvavam deviam retornar à família de origem, deixando a prole – mesmo de tenra idade – com a família do cônjuge falecido. Nesse contexto, a criação dos filhos, tradicional consolo da vida conjugal feminina, só desencadeava uma série de infinitos sofrimentos. Também refletindo a brutalidade dos costumes que regiam os vínculos familiares, as mulheres começaram a sonhar com o casamento branco, o qual – entre outras coisas – dispensava as obrigações de natureza sexual decorrentes do casamento, que para as mulheres pesavam mais do que a sujeição às tarefas domésticas.

Apenas com o auxílio de homens da Igreja, elas conseguiram, em alguns casos, fazer valer sua escolha da castidade e fazer respeitar o voto pronunciado.

Deve-se também levar em conta que a virgindade, tal como a castidade, era apanágio e privilégio das mulheres provenientes de famílias sólidas e respeitadas; as mendigas, as órfãs, as que começavam a trabalhar como criadas desde pequenas, ficavam expostas a molestamentos diários. Ademais, se ainda hoje, num estado de direito, os abusos praticados em família raramente são denunciados e recebem a devida punição, é de se supor que, naquela época, dificilmente eram reprimidos quando referentes a mulheres sem amparo familiar.

A Igreja condenava o pecado de adultério, masculino e feminino, pregava a indissolubilidade das uniões, trabalhava para difundir a opção pela continência mesmo no casamento e o respeito à virgindade até o matrimônio. Esses princípios, que numa sociedade evoluída em matéria dos direitos femininos assumem uma conotação sexofóbica, destinavam-se no século XII a implantar uma regulamentação do laço matrimonial que restringisse os abusos e contínuos abandonos. As uniões não eram regidas por nenhuma normativa, sendo consideradas como um vínculo privado que podia ser rescindido a qualquer momento, com a consequente exposição das mulheres e crianças a uma vida indefesa.

Nesse contexto, cabe frisar que a insistência dos eclesiásticos sobre o valor da virgindade e da castidade femininas visava não a demonizar as mulheres impudicas e incontinentes, e sim a evitar maternidades desamparadas e castigos ferozes por parte de pais, irmãos e maridos agressivos e violentos.

Numa sociedade em que a honestidade da mulher coincidia com a honra dos homens – antes a do pai e depois a do marido –, a sexualidade extraconjugal levava à expulsão do lar, com a consequente perda de qualquer tutela, tutela que – talvez não seja supérfluo reafirmar – somente os homens da família podiam assegurar.

Ao promover a virgindade e a castidade das mulheres, portanto, a Igreja nada fez senão se adequar aos valores já abraçados pela sociedade, uma sociedade que, renunciando a doutrinar as mulheres a manterem uma conduta irrepreensível, não raro condenava-as à morte, como, aliás, ainda hoje ocorre em algumas regiões ou países do mundo.

Assim, o fato de alguns pregadores, nos decênios e séculos seguintes, quererem interpretar a insistência da Igreja na castidade feminina como sinal de maior propensão das mulheres ao pecado de natureza sexual, até chegarem a uma verdadeira demonização do elemento feminino, não exclui que tal insistência se deu, de início, em defesa e não em detrimento das mulheres.

A Igreja, nessa fase, foi a única instituição a tomar a seu cargo viúvas e mulheres repudiadas e sem meios de subsistência, financiando a criação de albergues e abrigos temporários ou definitivos. Essas estruturas beneficentes, embora insuficientes para acolher o número impressionante de filhos ilegítimos e de mulheres sozinhas, ainda assim tiveram o mérito de estigmatizar uma das mais endêmicas emergências sociais da época.

Além disso, o único baluarte a proteger a incolumidade física das mulheres que não haviam conhecido a sorte de ter pais brandos e maridos conscienciosos era apenas a instituição eclesiástica. Em muitos casos, de fato, o ingresso no convento assegurava proteção contra toda uma série de violências insensatas. Uma famosa santa, a rainha Radegunda, que viveu na Alta Idade Média, abraçou a vida monástica para abandonar o marido que matara o irmão dela. É impressionante, a despeito da extrema escassez de fontes, a quantidade de mulheres que conseguiram evitar o matrimônio forçado graças à intervenção da instituição eclesiástica: a religiosa Maria d'Oignies, que se casou muito nova contra sua vontade, depois conseguiu se consagrar à almejada vida religiosa somente por intervenção do bispo Tiago de Vitry. Humiliana de' Cerchi, contemporânea de Clara de Assis, proveniente de uma família abastada de Florença e casada contra vontade com apenas quinze anos de idade, ao enviuvar, conseguiu evitar as segundas núpcias confiando-se aos cuidados dos frades franciscanos. A beata Ida de Nivelles, cujos pais queriam dar como esposa aos nove anos de idade, conseguiu abrigo num círculo de religiosas, que fora fundado pouco tempo antes em sua cidade. A princesa Inês da Boêmia pediu e obteve do papa um documento pontifício declarando ilegítimo seu casamento contra a vontade; o mesmo pretendeu a filha de Luís VIII da França, Isabel, que mandou construir um convento nas cercanias de Paris, em Longchamp, onde se consagrou à almejada vida religiosa. A nobre bolonhesa Diana degli Andalò – que teve uma costela quebrada pela família, ao tentar forçá-la ao matrimônio – também só conseguiu permanecer solteira graças à intervenção de uma figura do porte de São Domingos de Caleruega.

A listagem poderia prosseguir longamente, remontando aos primeiros séculos da era cristã, confirmando que a opção religiosa das mulheres na sociedade medieval encontrava oposição dos homens e era quase sempre desejada pelas mulheres, fossem solteiras ou viúvas.

2. O matrimônio de Clara

Na Assis do século XIII, o casamento das filhas também servia para se entrar no jogo das grandes alianças interfamiliares, determinantes na política das Comunas baixo-medievais. A política matrimonial visava a criar alianças que reforçassem o clã, cujo valor era sobretudo quantitativo. Para uma família aristocrática, casar uma filha significava aumentar o número de seus homens de armas. Em guerras que muitas vezes eram travadas com a aliança de poucas famílias e a presença de poucas centenas de homens armados nos respectivos campos de batalha, a aquisição de novos recrutas era assunto de não pouca monta.

Não por acaso, uma das testemunhas no processo de canonização de Clara, Pietro di Damiano, vizinho de sua família, fez questão de mencionar o número de cavaleiros da casa para indicar melhor sua importância: "foi nobre e de nobre parentela, de conversação honesta; e sua casa tinha sete cavaleiros todos nobres e poderosos"[1].

Além das riquezas fundiárias e imobiliárias e da antiga nobreza da família, Clara podia, portanto, contar com "um dote" de sete cavaleiros, o que a tornava esposa cobiçada. Assim, a perspectiva de sua família em dar Clara e suas irmãs Inês e Beatriz em casamento a jovens da nobreza correspondia a aumentar ainda mais o número de combatentes, consolidando sua força.

Num tabuleiro instável, em que as alianças se faziam e se desfaziam com rapidez, dando-se de maneira transversal em relação às classes sociais de pertença – como vimos acontecer no decorrer da clamorosa guerra entre Assis e Perúgia –, contar com um número congruente de homens de armas era a única verdadeira garantia de defesa.

Desse modo, Ortolana e Favarone, pais de Clara, estavam interessados em conseguir bons casamentos para ela e para as irmãs, ainda mais porque não tinham filhos homens. Mas, como muitas outras mulheres de sua classe, Clara não pretendia se casar. As testemunhas no processo de canonização são unânimes em declarar que ela, antes mesmo de amadurecer seu propósito de se unir ao grupo de Francisco, já resolvera não se casar:

> Pois sendo ela bonita de rosto, tratava-se de lhe dar marido; portanto, muitos de seus parentes lhe rogavam que consentisse em tomar marido; mas ela nunca quis consentir[2].
>
> E viu o pai e a mãe e os parentes que a queriam casar magnificamente segundo sua nobreza com homens grandes e poderosos.

---

1. Processo di canonizzazione di Chiara, XIX testemunha, 305.
2. Ibid., XVIII testemunha, 301.

Mas essa donzela, que então devia ter cerca de dezessete anos, não se deixou induzir de maneira nenhuma[3].

Sua recusa em se casar devia estar relacionada não só com sua inclinação pessoal, mas também com as sombrias perspectivas que, como dissemos, a vida conjugal oferecia; eram perspectivas nada atraentes para uma mulher capaz de pesar seus riscos e consequências: matrimônio arranjado, papel de inferioridade doméstica, marginalidade na educação dos filhos, afastamento das ligações familiares de origem, as quais, diga-se de passagem, eram muito positivas no caso de Clara.

A família de Clara era composta, à exceção do pai, exclusivamente por mulheres, fato que devia trazer maior solidez e menor grau de controle à união entre elas, reforçando a aliança entre mãe e filhas, tanto é que, quando Clara – como veremos adiante – escolheu seguir Francisco, essa união não se desfez e todas acabaram por segui-la.

3. Clara e Francisco

Clara foi a primeira mulher a se unir ao grupo de Francisco, quando ainda não se podia prever que outras iriam fazer o mesmo.

A noite em que deixou a casa paterna, para se unir ao grupo dos frades que viviam na Porciúncula, foi uma noite de ruptura total com sua comunidade e com os códigos de conduta da época.

Foi um gesto inesperado que, cabe dizer, só se tornara possível por causa dos homens; daqueles homens que já viviam alguns anos na Porciúncula e que, naquela noite de Páscoa de 1211, mostraram reconhecer plenamente o direito de uma mulher a uma escolha de liberdade que também fora a deles.

---

3. Ibid., XIX testemunha, 306.

Mas recuemos um passo para ver o que acontecera nos anos anteriores àquela noite.

Clara era nobre e sua família, conservadora, pertencia ao partido dos *maiores*, contrário ao partido mais progressista dos *populares*, ao qual pertencia Francisco. Era onze ou doze anos mais nova do que ele, e isso significa que, quando decidiu segui-lo, tinha cerca de dezoito anos. Já devia conhecer Francisco antes de suas respectivas conversões. As casas de suas famílias ficavam a poucas quadras de distância uma da outra, naquela parte da cidade onde, como vimos, residiam as famílias nobres e abastadas de Assis.

Conhecia Francisco também porque devia tê-lo visto, pelo menos, nas ruas, na catedral, na loja do pai. Ou na praça da Prefeitura, por ocasião das várias festas cívicas e religiosas que, como dissemos, marcavam o calendário da pequena comunidade assisana.

Ademais, seu primo Rufino deixara a casa paterna em 1208, justamente para se unir ao grupo de Francisco, a quem, cremos nós, já devia estar unido por laços de amizade antes daquela data e, nesse caso, é de se supor que Clara conhecia Francisco desde a infância, devido à frequentação entre os dois rapazes.

Em todo caso, ela devia conhecê-lo ao menos de nome, pelos comentários sobre o filho de Pietro di Bernardone que corriam diariamente em Assis. De início, Clara deve ter ouvido os comentários sobre o jovem Francisco, rapaz gentil, mas excêntrico; extrovertido, mas reservado; exuberante, mas sensível. Clara deve ter visto o rapaz a imitar comediantes e trovadores na praça, onde passava muito tempo e onde – segundo diziam todos aqueles que o conheceram – mostrava-se curioso pelos outros, à vontade com todos, querendo entrar em contato, parar as pessoas na rua, entretê-las, tê-las como público o tempo todo, envolvê-las com seus números de entretenimento: a cidade lhe pertencia, era seu berço, sua corte, seu palco; todas as portas, todas as histórias, todas as faces lhe eram conhecidas e familiares.

As criadas deviam rir dele, conversando com Clara sobre aquele rapaz que declamava versos em francês, fazia graças com suas mímicas, entoava canções suas, vestia-se com roupas extravagantes e ridículas, misturando tecidos preciosos com panos grosseiros, que era sempre exagerado, gastava desenfreadamente, assim garantindo o papel de rei de todas as festas. Como seus outros conterrâneos, Clara certamente ficou impressionada com a fama que se criara em torno daquele filho desenvolto de Pietro di Bernardone, figura rara num ambiente provinciano fechado e desconfiado: "Daí ter-se divulgado sua fama por quase toda a província, a ponto que muitos, conhecendo-o, diziam que alguma grande coisa ele havia de ter feito"[4].

Depois de ter ouvido as conversas divertidas sobre o jovem Francisco, porém, Clara também deve ter ouvido as conversas dolorosas sobre o Francisco combatente em Collestrada e prisioneiro em Perúgia.

Em sua casa, as conversas deviam assumir tom ríspido, depreciativo, ressentido, pois, por culpa dos *populares*, a família de Clara fora levada ao exílio. Em suas conversas, então, Francisco não devia mais ser o rapaz brilhante e excêntrico de outrora, mas o soldado amargo e cruel do partido adversário. Fora inimigo deles no campo de batalha, provavelmente participara com seu grupo nos ataques e destruições dos castelos fora da cidade, símbolos de seu prestígio e nobreza; e assim, se estava na prisão em Perúgia, fizera por merecê-lo.

É o que lhe ensinam os homens de sua família, em especial tio Monaldo, líder reconhecido do clã: interpretar a punição dos inimigos da família como sinal da justiça divina.

Talvez as mulheres da casa sejam mais piedosas e talvez se perguntem sobre a sorte do filho de Pietro di Bernardone, alimentando em segredo um velado sentimento de culpa por terem determinado, através da aliança com os peruginos, a derrota e captura de muitos jovens conterrâneos.

---

4. TreComp, I, 9.

Em Assis, para onde nesse ínterim retornam os nobres exilados, a quem os *populares* devem ressarcir ou reconstruir as propriedades atacadas, o período de cativeiro dos jovens de Assis é um ano de grandes tensões. É um ano em que as pessoas deixam de se cumprimentar, batem à porta na cara, impedem a presença nas ruas e nas daqueles nobres que se macularam ao se aliar à cidade do Grifo: os *populares* acusam os *maiores* de terem enviado seus filhos ao cárcere; os *maiores* acusam os *populares* de tê-los obrigado a criar as filhas no exílio.

Então, finalmente, retornam os filhos dos *populares* – aqueles cujos pais puderam pagar o resgate – e, aí, talvez em segredo, os *maiores* soltam um suspiro de alívio, pois não querem ter esse peso na consciência.

Aos poucos o clima se recompõe, e é de se supor que o Município se empenhou em reaproximar as duas facções, para restaurar um clima de distensão e promover a convivência civilizada entre as partes.

Alguns realmente se reconciliam, alguns apenas fingem, guardando um rancor pronto para explodir numa próxima ocasião; em todo caso, a cidade retoma uma relativa calma.

Clara também deve ter recuperado uma certa serenidade, mas não a confiança. Naqueles anos, parece se fechar ao mundo externo, não gosta mais de sair nem para sua atividade preferida, que é entregar os panos e alimentos da esmola, agora encarregando outras pessoas da família em seu lugar.

As testemunhas no processo de canonização atestam que, em casa, Clara ama o silêncio e sempre se empenha em conduzir as conversas das criadas e das irmãs menores para temas edificantes; talvez se irrite com aquele clima de mexericos e aleivosias, que é mais pesado na província do que na cidade; talvez sinta falta dos anos em Perúgia, numa realidade maior, em que não se tropeça inevitavelmente na vida alheia a cada vez que se sai de casa.

O último grande assunto que percorre a cidade, porém, finalmente parece despertar seu interesse. Trata-se ainda do filho de Pietro di

Bernardone, que parece agora ter perdido a razão; parece que o pai já o considera perdido; parece que não anda mais pela cidade, deixou de ser o rei das festas, é cada vez mais raro vê-lo na cidade e passa cada vez mais tempo com os indigentes e os leprosos na periferia de Assis. Depois também some de lá e então reaparece feito um fantasma; anda mal vestido, cada vez pior, e emagrece a olhos vistos; não dá notícias suas nem para os pais. Alguns dizem que o viram pedindo esmolas, com roupa de mendigo, em alguma cidade vizinha; dizem que tem vergonha de fazer a mesma coisa em Assis, onde todos o conhecem, e que daquele mercador vivaz e cortês de outrora não resta mais nenhum traço.

Clara, como os seus conterrâneos, também deve ter se perguntado sobre essa guinada: Francisco realmente enlouqueceu, como pensa a maioria das pessoas, ou é apenas mais uma de suas esquisitices? Talvez uma desculpa para evitar o passo que agora, aos vinte e cinco anos de idade, não pode mais adiar: casar-se, criar juízo, assumir a loja do pai e permitir-lhe levar um ritmo de vida mais tranquilo.

Alguns na cidade sustentam que a mudança de Francisco guarda relação com o que ele próprio anda dizendo: que encontrou Deus. A maioria, porém, não considera muito plausível que tenha sido justo ele, o menos propenso a seguir a via da penitência e das privações, a ouvir um chamado tão radical. Até poucos anos atrás, só sonhava com a guerra. Poucos anos atrás, combatera em Collestrada e talvez tenha até matado. Poucos anos atrás, buscara a honra nas armas com a expedição na Apúlia, e, se não fosse aquela febre repentina que o pegara de surpresa em Spoleto, decerto teria alcançado aquilo que sempre desejara: ser oficialmente investido do título de cavaleiro. Assim, quanto tempo resistiria alguém como ele num caminho tão rigoroso, tão despido de honras e emolumentos, como aquele que agora parecia ter escolhido? Quanto tempo aguentaria comendo mal e dormindo ainda pior, ele que crescera no luxo, a quem nunca faltara nada, que, pelo contrário, se entregara a luxos maiores do que sua própria condição lhe permitia?

Essas perguntas deviam abrir caminho na mente e na alma de uma moça pouco propensa a mexericos e a curiosidades mórbidas, como devia ser Clara segundo a descrição das testemunhas no processo.

Dia após dia, os boatos continuavam a divulgar que Francisco persistia nesse caminho e, dia após dia, finalmente deve ter ficado claro a todos que não se tratava de uma excentricidade, de um expediente, de uma inspiração momentânea: o rapaz exuberante que Clara conhecera realmente se transformara em outra pessoa.

Passados dois anos, deixou de ser novidade vê-lo reformar as igrejas em ruínas na periferia de Assis, ouvi-lo exortar os passantes a abraçar o próximo e mudar de vida, vislumbrá-lo a mendigar pelas ruas da cidade. E, no entanto, eis que subitamente vem um novo terremoto. De repente, muitos rapazes de Assis, jovens, ricos e privilegiados como fora ele, abandonaram, um depois do outro, suas casas abastadas e seguras para segui-lo. Alguns deviam ser os mesmos que tinham escarnecido dele no começo e agora, pelo contrário, mostravam entender seu projeto de vida. A partir daí, desde que passaram a ser vistos ao lado de Francisco na mendicância, na pregação, no atendimento aos doentes, deram mostras de ser um grupo harmonioso, compacto, decidido, como se realmente tivessem uma clara consciência da direção que tomavam. Pelo menos assim devia parecer a Clara, pois, dia após dia, pelos três anos seguintes, também começou a revirar no espírito a ideia temerária de unir-se a eles.

De início, começou a enviar esmolas para sustentá-los em sua forma de vida; depois, passou a acompanhar as pregações que faziam no adro das igrejas. Os confrades de Francisco quase nunca eram sacerdotes, mas meros laicos e, assim, não podiam tratar de assuntos doutrinais nem abordar questões dogmáticas em suas pregações; deviam se limitar à exortação, que, aliás, era o que Francisco preferia: exortações para mudar de rumo, para sair das lógicas do mundo, para renunciar às suas tramas, para esquecer suas injustiças e disputas, para depor as armas. Não há em suas palavras nenhuma ameaça de castigo; pelo contrário, há uma promessa de consolação certa, de misericórdia, de esperança, de felicidade. Há o convite para provar, pelo menos uma vez na vida, a alegria que nasce de partilhar seu próprio pão.

A ideia de que a ação de caridade, que Clara aprendera ser um gesto piedoso, pudesse equivaler a um ato de ruptura com as lógicas dominantes do clã – como ocorrera com Francisco e seus companheiros – deve tê-la levado a amadurecer ou, ao menos, a considerar possível seu projeto de fugir. Era possível deixar a família, era possível recusar definitivamente o matrimônio, viver a vida dos companheiros, aproximar-se de Francisco, revelar-lhe o desejo de se juntar a eles.

Num primeiro momento, portanto, foi ela quem enviou alguém a Francisco – talvez o primo –, para lhe dar a saber que queria encontrá-lo, que precisava falar com ele em particular.

Alguns anos antes, o próprio Bernardo – o primeiro companheiro de Francisco – havia começado assim, mandando alguém até ele, pedindo-lhe para se encontrarem a sós. Num e noutro caso, o cuidado de encontrá-lo em segredo devia anteceder um passo importante, decisivo, que Francisco bem deve ter intuído, antes mesmo dos respectivos encontros. Mas, se no caso de Bernardo era apenas uma questão de decidir se revelava ou não seu projeto de vida a outras pessoas, no caso de Clara colocava-se o problema – bem mais espinhoso – do nascimento de uma comunidade mista, masculina e feminina, e isso deve tê-lo assustado.

É natural pensar, então, que Francisco tergiversaria, tentaria adiar, desencorajar ou até recusar esse encontro. No entanto, Francisco concordou, disse que a encontraria, avaliaria seu pedido, levaria em consideração essa possibilidade.

Difícil estabelecer se, ao acatar o pedido de Clara, Francisco estava acatando o Evangelho ou se a concordância com o encontro secreto decorria de uma familiaridade já amadurecida, familiaridade – frisamos – óbvia num pequeno burgo, onde todos crescem e envelhecem juntos.

De todo modo, quer a influência em sua decisão fosse o exemplo de Jesus no Evangelho, que acolhe indistintamente homens e mulheres, ou a artificialidade de negar audiência à filha de Favarone, encetou-se o diálogo entre ambos e não se interrompeu enquanto não se decidisse se ela se uniria ou não a eles.

Foi preciso tempo e mais de um encontro antes de se chegar a essa resolução, porque a força que Clara demonstrara ao expor suas intenções a Francisco – força que devia aumentar proporcionalmente à recusa que esperava encontrar – pareceu sofrer brusca diminuição ao não encontrar nenhum obstáculo a detê-la. Foi nesse momento que sentiu medo, começou a hesitar, a adiar a hora da saída da casa natal. E foi nesse momento que os papéis se inverteram, Francisco começou a avançar e Clara a recuar.

O recuo de Clara, a essa altura dos acontecimentos, parece-nos plenamente compreensível: partir significa não poder mais voltar. Deixar a proteção da casa paterna significava lançar de uma vez por todas a sombra da suspeita sobre sua honestidade, a honestidade que era uma credencial indispensável para um eventual matrimônio ou para um possível retorno à casa paterna. Clara conhecia a vida da qual queria se separar, mas ainda não podia prever qual seria sua reação à nova vida que pretendia adotar. Vira o que acontecera com os companheiros: partir significava renunciar definitivamente a qualquer facilidade, a qualquer conforto, a qualquer proteção, e a partir daquele momento ter para sempre uma vida de privações, de abnegação e de trabalho árduo. Então realmente não admira que o medo aumentasse a par da consolidação de seu propósito. Quando muito, o que admira é a obstinação com que Francisco, nesse ponto, passou a defender essa escolha resoluta. É uma determinação que permite supor que já houvesse entre eles uma relação de familiaridade e confiança, necessárias para que aquele dificílimo passo se fizesse possível.

4. A fuga

Na última conversa, talvez na rocha maior, de onde pode-se ver tudo sem ser visto, ou talvez na rocha menor, oblíqua em relação ao centro habitado, os dois combinaram que Clara daria entrada na fraternidade na noite do Domingo de Ramos. Clara providenciaria que não se fechasse totalmente a porta de sua casa, para poder reabri-la ao descer em silêncio. Então se encontrariam na Porta Oeste da cidade, e os frades – Francisco à frente – iriam escoltá-la até a Porciúncula, à luz dos archotes.

Talvez Francisco tenha escolhido essa data por ser noite de lua cheia e, assim, o luar leitoso e prateado iluminaria como se fosse dia os campos e os olivais próximos à estrada que margeia o antigo hospital, atrapalhando a passagem dos animais noturnos; assim seria mais fácil prosseguir até o vilarejo dos frades. Ou talvez, em lugar de confiar numa noite enluarada, tenha escolhido a hora propícia para o plano: a passagem das trevas noturnas para os clarões da aurora, que permitiriam entrever o perfil dos vales e das sendas do caminho, marcando o regresso dos lobos e javalis para seus covis.

Chegado o momento, o difícil foi escaparem à vigilância junto às portas da cidade e – já com Clara a seu encargo – se afastarem sem serem vistos. Passando o hospital, foi como navegar em mar aberto; costeando a estrada que se afastava da área habitada, começaram a respirar o amplo ar da planície, que lhes fazia parecer simples e curto o caminho ainda a ser percorrido.

Mas como fez uma moça de família nobre e respeitada para sair despercebida da casa paterna em plena noite?

Porém, temendo que lhe impedissem a passagem, não quis usar a saída habitual, mas foi até a outra saída da casa, onde, para que não a abrissem, havia madeiras pesadas e uma coluna de pedra, coisas que só a força de muitos homens conseguiria mover; e ela sozinha, com a proteção de Jesus Cristo, removeu-as e abriu aquela saída. E na manhã seguinte, muitos vendo aquela saída aberta, admiraram-se muito como uma jovenzinha conseguira abri-la[5].

Talvez nos últimos anos o controle masculino sobre as mulheres da família de Clara tivesse se afrouxado. Uma das parentes e amigas de Clara, Pacifica di Guelfuccio, afirmou durante o processo de canonização que não conhecera Favarone, pai de Clara, embora morasse na casa da frente da sua, quando ainda residia lá, o que leva a pensar que ele já era falecido. As peregrinações da mãe ao santuário de São Miguel, em Gargano, na Apúlia, e à Terra Santa, sem o marido, sugerem-nos o perfil de uma viúva. Se, como cremos, Favarone di Offreduccio teve morte prematura, devemos concluir que a ausência de irmãos homens transformou a casa de Clara numa espécie de gineceu, com uma liberdade de movimento e pensamento e uma solidariedade entre mulheres que não deviam ser habituais na época. O fato de terem as mulheres da família de Favarone se unido posteriormente à *fraternitas* de Francisco parece confirmar que havia pouca pressão masculina na casa. Restava, certamente – e é mencionado várias vezes nas fontes –, o tio Monaldo, o qual se esforçou em restabelecer sua autoridade sobre as sobrinhas, defendendo a honra da família, que corria o risco de ser comprometida pela decisão das jovens em ingressar num grupo religioso de contornos ainda vagos e não plenamente reconhecidos.

Na manhã seguinte, quando a notícia da fuga de Clara já estava na boca de todos, ele reuniu seus homens de armas e foi buscá-la de volta na Porciúncula. Francisco, que certamente previra tal reação, pôde responder sem mentir que Clara não se encontrava ali, mas fora levada pelos frades a Bastia, ao convento das irmãs beneditinas.

Cada vez mais contrariado, com a situação lhe escapando das mãos, Monaldo montou em seu cavalo e, cerca de quatro quilômetros

---

5. Ibid., XIII testemunha, 227.

adiante, chegou ao convento de San Paolo delle Abbadesse, primeiro batendo à porta, depois gritando e por fim lançando ameaças.

Sua fúria só diminuiu ao ver que Clara estava de cabelo cortado, não deixando nenhuma dúvida de que já passara para outra condição, a de religiosa, assim saindo da jurisdição ordinária e ficando sujeita apenas ao bispo.

Talvez porque Clara já tivesse dado sinais de insubordinação, talvez porque sua firme resistência o tivesse convencido que seria inútil insistir no propósito de casá-la, ou talvez porque se sentisse intimidado pela inviolabilidade do local, o fato é que Monaldo resolveu deixá-la lá mesmo, retornando com seus homens para Assis.

Umas duas semanas depois, porém, com a fuga de outra sobrinha, Inês, os homens da família compreenderam que o caso de Clara não seria isolado, mas era o prelúdio de uma verdadeira hemorragia. Dessa vez, a violência de Monaldo não se deteve perante a tonsura da moça, que foi retirada à força do mosteiro, tendo os cabelos arrancados e as vestes rasgadas. Vindo dos campos e dos vinhedos, os camponeses acorreram pressurosos em auxílio aos raptores, castigando a fugitiva com pontapés e pancadas que servissem de advertência para as mulheres que, talvez secretamente, embalassem o mesmo projeto de fuga.

Mas, por fim, também deixaram Inês à vida que escolhera. Difícil entender por que Monaldo desistiu de tomá-la de volta: talvez porque uma mulher que havia dado provas de tal rebelião já não fosse mais – como, aliás, a irmã também – uma moça casadoura; talvez porque o fato de não ser pai diminuísse sua determinação de levá-la de volta para casa; talvez porque os frades, alertados, tenham também chegado ao convento, para lembrar a Monaldo as penas previstas para quem subtraísse uma freira de um local consagrado.

De todo modo, diante das violências sofridas por Inês, os frades entenderam que fora inútil a precaução de abrigá-las em clausura: com efeito, os muros do convento não bastaram para protegê-las dos parentes. Foi então que, cremos nós, Francisco amadureceu a ideia de hospedá-las em San Damiano, o primeiro local habitado por Francisco, entre os locais que o bispo concedera aos frades. Era um local que os arqueólogos supõem ter servido de asilo para leprosos, ou, em todo caso, para doentes.

Em dez dias, uma das construções contíguas à igrejinha de San Damiano foi esvaziada para dar lugar a Clara, sem que isso significasse o afastamento definitivo dos frades, que mantiveram algumas celas separadas, tanto para garantir o atendimento diário aos doentes quanto para assistir às irmãs, a fim de que não ocorressem mais agressões, caso ficassem sozinhas.

Impressiona esse Francisco que não hesita em assumir a responsabilidade por mulheres que, para segui-lo, expõem-se a retaliações mais do que previsíveis: ele sabe que, ao segui-lo, Clara e Inês tomarão não o caminho canônico, mas uma trilha ainda não batida, uma forma de religiosidade totalmente nova, ainda a ser construída, conquistada e defendida. Segundo Francisco, elas não se tornarão freiras, mas entrarão numa comunidade ainda não reconhecida: Francisco obteve do papa apenas uma aprovação verbal e para uma comunidade exclusivamente masculina, não submetida à obrigação de residência, como era a dos monges, mas exposta à vida itinerante. Ao acolhê-las, portanto, ele sabe que elas não viverão encerradas, mas trabalharão, mendigarão, permanecerão em diálogo com a comunidade local, exatamente como os confrades.

Há grupúsculos que, a título variado, já experimentaram algo semelhante, mas são principalmente grupos dissidentes da ortodoxia católica, grupos de cátaros e valdenses. Mesmo os grupos de penitentes surgidos no norte da Europa – alguns no norte da Itália – eram vigiados e tinham sua liberdade de movimento constantemente desencorajada e combatida.

Entre os eremitas, também havia quem reunisse a seu redor grupos mistos de homens e mulheres, mas depois a Igreja os obrigou a encaminhar as mulheres para uma estrutura em separado.

Assim, a acolhida de Clara numa comunidade não submetida à clausura foi um passo ousado, e, se Clara mostra invulgar coragem, Francisco parece não menos temerário em anuir com seu projeto. Talvez não queira renunciar à possibilidade de arrancá-la daquela Assis egoísta e voraz da qual é expressão. De fato, ela provém daquela classe que – como vimos na guerra entre Assis e Perúgia – tornou-se agressiva no momento em que começou a perder terreno; um terreno que lhe foi subtraído pela classe mercantil, admitida pouco tempo antes, mesmo que extraoficialmente, ao exercício das armas. Tal estado de coisas intensificou as disputas e contraposições entre classes ou grupos de poder, determinando uma situação não muito diferente da reconstrução literária shakespeariana da Verona trecentista. Ou talvez Francisco queira libertar Clara e as irmãs da sujeição aos homens do clã, a que são condenadas pelas famílias e pela sociedade.

Com Clara, em todo caso, fecha-se o grupo daqueles jovens abastados que rejeitam a violência como meio de exercer o poder, a separação rígida entre classes, a exploração dos componentes mais frágeis e indefesos da sociedade, que eram próprias da geração de seus pais.

5. A vida na fraternidade

Em seus primeiros tempos na fraternidade de Francisco, Clara e, pouco depois, Inês também adotaram a prática itinerante dos frades. Clara já conhecera a clausura – como vimos – depois de fugir da casa paterna, mas não pretendia prosseguir nesse caminho.

Isso significaria renunciar à parte que lhe era mais importante no programa franciscano: o atendimento aos pobres e aos doentes, o diálogo constante com a comunidade citadina.

Ademais, como Francisco, ela pretendia rejeitar qualquer forma de prestígio social e de diferenciação nas funções, que continuavam a existir no mundo monástico com o costume de levar um dote ao entrar no convento. Para as irmãs do movimento franciscano, o que valia era a obrigação oposta de se desfazer de todos os bens, e nunca em favor da Ordem.

As irmãs, como os frades, deviam recitar as horas do ofício, que marcava o transcurso da jornada, atribuindo papel proeminente à oração. De dia dedicavam-se com os frades às atividades de caridade, indo aos abrigos de leprosos e doentes, e, como eles, trabalhavam na horta do mosteiro ou nos campos do condado de Assis; dentro do mosteiro, dedicavam-se a fiar e a costurar, que passaram a ser as únicas atividades a que Clara pôde se dedicar nos últimos anos de vida, quando foi obrigada a manter o leito devido a uma doença incapacitante.

Em San Damiano, ademais, tal como na Porciúncula, era contínuo o fluxo de cidadãos de Assis em busca de auxílio, conselho, assistência, conforto. As mulheres recorriam especialmente a Clara e a Francisco, pedindo para viver em castidade, mesmo continuando como mães e esposas; rogavam-lhes também – em alguns casos – que interviessem contra maridos violentos ou costumes familiares humilhantes. Muitos recorriam à autoridade moral e espiritual deles para invocar a mediação nas frequentes brigas que eclodiam entre as autoridades citadinas; os companheiros atestam que uma estrofe do *Cântico* do irmão Sol, a do perdão, foi escrita expressamente para reconciliar o prefeito e o bispo de Assis.

O desejo de Francisco e de Clara era, portanto, viverem imersos na vida de sua comunidade citadina, tentando costurar pacientemente os inúmeros rasgões em que se dilacerava. Era uma comunidade que conheciam bem e que talvez, justamente por isso, não quisessem abandonar. Uma comunidade cuja estima, com o tempo, conseguiram reconquistar, não mais como rebentos de famílias importantes, mas como indivíduos desinteressados e realmente solícitos diante de suas necessidades.

Nos primeiros oito anos de vida em San Damiano, portanto, Clara e as companheiras levaram a mesma vida dos frades, à exceção do compromisso de irem em missão além dos Alpes e além-mar.

A vida das irmãs em Assis, no alvorecer do movimento, foi retratada pelo bispo Tiago de Vitry na imagem que continua a ser para nós a mais icônica, a mais sintética e – assim cremos – a mais verídica da primitiva comunidade franciscana:

> Encontrei naquelas regiões algo que me foi de grande consolo: muitas pessoas, de ambos os sexos, ricas e de condição laica, despojando-se de todas as propriedades por Cristo, abandonavam o mundo. Chamavam-se irmãos Menores e irmãs Menores [...]. O papa e os cardeais os têm em grande consideração. Eles, por seu lado, não se ocupam das coisas temporais, mas com ardente desejo e veemente esforço trabalham todos os dias para arrancar à vaidade do Mundo as almas em vias de se arruinar. E, por graça de Deus, já colheram muitos frutos e salvaram muitos [...]. Vivem segundo a forma da Igreja primitiva [...] de dia entram nas cidades e nos vilarejos para conquistar pessoas com suas ações concretas; de noite retornam aos eremitérios ou a algum lugar solitário onde se dedicam à contemplação. As mulheres, com efeito, fazem o mesmo em diferentes abrigos situados nos arrabaldes da cidade; não aceitam nada, mas vivem do trabalho de suas mãos e muito se entristecem e se preocupam porque são honrados pelos clérigos e pelos laicos mais do que gostariam de ser[6].

6. A clausura

Se no final da Antiguidade ainda era frequente a formação de grupos de mulheres que levavam vida religiosa não estruturada, junto com párocos e bispos, engajados no atendimento aos pobres e aos enfermos, na Alta Idade Média essa possibilidade para as mulheres já deixara de existir.

---

6. VITRY, Tiago de, Epístola 1, in: *La letteratura francescana*, v. I, 233-234.

As contínuas incursões militares alteraram profundamente a vida das mulheres, bem como destruíram as estruturas do Império Romano do Ocidente.

Não admira que, nesse contexto social que mudara para pior, a vida consagrada se convertesse em rigorosa clausura. Tornou-se necessário construir para as mulheres os conjuntos de claustros na área remanescente dos centros habitados que, mesmo que em menor número, continuavam a ser mais povoados dos que os campos.

Com a melhoria das condições de vida no começo da Baixa Idade Média, os franciscanos e os dominicanos souberam aproveitar a nova situação, abandonando a estabilidade monástica e abraçando a vida itinerante. Mas as mulheres não puderam fazer o mesmo, pois a sociedade ainda não estava pronta para aceitar igual liberdade de movimento para elas. Sem dúvida, não faltavam perigos: mesmo num melhor quadro social, as tropas continuavam a circular, muitas vezes de forma desordenada, e prosseguiam constantes disputas e acertos de contas públicos e privados. Foi-nos atestado que Clara correu grande risco por ocasião da passagem de um grupo de arqueiros árabes – recrutados nas fileiras do exército siciliano de Frederico II –, que em 1241 atacaram a cidade de Assis, na tentativa de subtraí-la ao papado. Entraram no claustro de San Damiano – onde provavelmente os frades não moravam mais, por causa das restrições papais ao convívio entre os dois ramos da Ordem –, e lá aguardaram o momento propício para atacar as irmãs ali encerradas:

> uma vez, tendo os sarracenos entrado no claustro desse convento, essa senhora se deixou arrastar por fim à porta do refeitório e mandou trazerem uma caixinha contendo o Santo Sacramento do corpo de nosso Senhor Jesus Cristo. E prostrando-se no solo em oração, com lágrimas orou, dizendo essas palavras entre outras: "Senhor, olha por essas tuas servas, porque eu não posso olhar por elas"[7].

---

7. Processo di canonizzazione di Chiara, IX testemunha, 242.

Mais de uma testemunha no processo fez referência ao episódio como uma ocorrência que se gravou profundamente na memória dos contemporâneos. Eles atestaram que – por puro milagre – a soldadesca por fim deixou a cidade no dia seguinte, sem tocar nas irmãs; supõe-se que quem frustrou o ataque ao convento de San Damiano foi o amigo de Clara, frei Elias, no exílio, que deve ter usado sua influência – como dissemos – sobre Frederico II para pedir que se convocassem às pressas as tropas desordenadas.

O perigo a que as irmãs em regime de clausura escaparam, porém, mostra que correriam riscos ainda maiores em estado de liberdade, numa sociedade em que os homens estavam acostumados a considerar as mulheres – sempre, sem exceções – como propriedade de um homem, fosse ele o pai, o irmão ou o marido. Ainda hoje, aliás, em algumas regiões do mundo, uma mulher que anda sozinha é tida como um desafio a um sistema compartilhado de valores e por isso é punida com ataques dos homens.

Foi-nos também atestado que um dos companheiros mais próximos de Francisco e de Clara, Filippo Longo, poucos meses antes da imposição da clausura, quando Francisco estava no Oriente, obtivera do papa uma carta autorizando a excomunhão de quem perturbasse as irmãs de San Damiano.

Essas reflexões são talvez necessárias para entender melhor a guinada, dolorosíssima para toda a Ordem, que ocorreria em 1219, quando Gregório IX impôs a clausura às irmãs de San Damiano.

A partir daí, desintegra-se a imagem dos frades e das freiras trabalhando lado a lado, que nos foi retratada por Tiago de Vitry, e o convento, localizado fora da cidade de Assis, fechou-se por trás de uma cortina intransponível.

A partir daí, as irmãs não poderão mais mendigar o pão para sua mesa, nem levar assistência aos pobres e aos leprosos; os frades terão de mendigar também por elas, atendo-se, além disso, a disposições muito restritivas para o acesso a San Damiano.

Nas praças de Assis – desde então – as freiras não seriam mais vistas em meio à multidão, ouvindo a pregação dos frades; e somente os frades que obtivessem uma licença especial do pontífice poderiam pregar para elas, nos recintos do convento.

A clausura é uma imposição pesada para o ramo feminino da Ordem, cujo inegável responsável foi seu promotor Gregório IX. Mas, se é verdade que a Igreja baixo-medieval se entrincheirou numa posição de rigoroso controle das mulheres, também é verdade que, ao fazê-lo, apenas se adequou à concepção social sobre elas, conformando-se a um estado de coisas já existente.

Se hoje as posições da Igreja nos parecem defasadas em relação aos costumes de uma sociedade que evoluiu, para a época medieval, inversamente, é de se imaginar o contrário, ou seja, a Igreja recua para se adequar a uma sociedade fechada e essencialmente imóvel no que concerne à evolução dos costumes.

7. A voz de Clara

Clara morreu em 1253, após longuíssima doença que se estendeu por vinte anos.

À sua cabeceira, além das irmãs estavam os companheiros de Francisco, Angelo, Rufino e Leão, que velaram seus últimos instantes de vida como já haviam feito com Francisco.

Presa ao leito durante os anos da doença, Clara combateu em defesa daquela pobreza que era a herança moral e espiritual de Francisco.

Cedera diante da obrigação da clausura, mas não recuou um passo diante da tentativa de fazê-las adotar uma Regra mais branda, que a afastaria daquela pobreza e daquela absoluta precariedade de vida acarretadas pela adesão ao movimento franciscano.

Combateu com enorme determinação, como se a doença não a devorasse, como se a clausura não lhe tivesse obstruído para sempre o mundo exterior. Combateu, sobretudo, como se sua voz não fosse a voz tênue e ignorada de uma mulher, mas, pelo contrário, poderosa e capaz de incutir temor e reverência, uma voz capaz de influir sobre as questões de toda a Ordem.

O primeiro a permitir que Clara tivesse voz foi Francisco. Francisco fez com que Clara fosse reconhecida com a mesma dignidade dos companheiros; Francisco fez com que Clara e as irmãs fossem vistas como parte integrante do movimento; Francisco fez com que a consideração que se tinha por ele e pelos frades se transferisse de igual maneira a Clara e às irmãs.

Os segundos a permitirem que Clara tivesse voz foram os companheiros, que sempre a consideraram como uma deles; os companheiros se dirigiram a ela até o último instante de vida para encontrar conforto, receber conselho, compartilhar a consternação perante as mudanças que estavam ocorrendo na Ordem.

O último, cremos nós, a permitir que Clara tivesse voz – por paradoxal que possa parecer – foi precisamente o mesmo Gregório IX que lhe impôs a clausura. A relação entre eles foi uma constante queda de braço que, sujeitando Clara a um esforço sobre-humano de resistência, acabou por evidenciar entre os contemporâneos sua indiscutível respeitabilidade. Com efeito, se Gregório não cedeu na questão da clausura, depois recuou totalmente em sua tentativa posterior de lhe impor uma regra diferente da franciscana, a ponto de aceitar que ela mesma escrevesse sua regra, fato excepcional para uma mulher da época.

VI

Francisco posto à margem

1. A guinada

Deixamos Francisco, no capítulo *A vida na Porciúncula*, como um frade sereno, cercado por companheiros de confiança, e vimos, no capítulo precedente, que outro grande sucesso para o movimento foi a chegada de Clara e das irmãs, que desde então se mantiveram próximas e solidárias a eles.

Mas algo, aos poucos, começou a empanar sua alegria, aquela alegria que Francisco queria como base para a vida deles. Aquela alegria que irmãos e irmãs aprenderam e souberam exercer dia após dia no exercício da caridade e que, a certo ponto, foi posta a duras provas, com o avanço de um mal que não esperavam precisar enfrentar. E talvez porque esse mal os apanhou despreparados, não souberam reagir.

No início, quando abandonaram o mundo, sabiam claramente as dificuldades que iriam enfrentar: a oposição dos parentes, a precariedade material, as restrições, a desaprovação da comunidade citadina, os insultos, o descrédito, tudo isso haviam previsto e, de fato, haviam conseguido superar. Também haviam previsto uma certa oposição por parte da Cúria ou, pelo menos, uma tentativa de limitar, regulamentar, institucionalizar o movimento. Com efeito, se Francisco se apressurou em recomendar aos seus que não se desse nenhum passo fora da obediência da Igreja, significa que já haviam imaginado essa margem. Mas o que os apanhou totalmente desprevenidos foi o surgimento de um mal dentro da própria fraternidade. Foi o nascimento de uma oposição ferrenha e às vezes grotesca ao próprio Francisco e ao grupo histórico dos companheiros. Esse ataque os deixou atônitos, desarmados, sem meios a que pudessem recorrer, na medida em que tal ataque se formara onde menos esperavam e onde, portanto, não haviam erguido nenhum baluarte como defesa.

Como vimos, Francisco desencorajava os seus a levar uma vida retirada, mas nos últimos anos ele mesmo passava cada vez mais tempo em eremitérios remotos, na presença de poucos companheiros muito próximos, que nos descrevem a figura de um homem atormentado e derrotado.

O que aconteceu com Francisco? Por que sua natureza parece se alterar gradualmente? O que mudou nesses últimos seis ou sete anos de vida?

A data que deve ser apontada como o ano da guinada, o *annus horribilis* do movimento franciscano, é 1219, um ano cheio de mudanças para a Ordem e um ano extremamente duro para Francisco.

1219 é o ano da partida de Francisco para a cruzada, experiência que se encerra com o fracasso. A viagem para o Oriente assinala também o declínio geral de suas condições de saúde: contrai uma forma violenta de glaucoma e vários outros males que o afligirão até o final de seus dias.

1219 é o ano em que o papa – como vimos – impõe a clausura às mulheres da Ordem, assinalando o fim daquela fraternidade mista que fora fonte de riqueza e consolo para os dois ramos do movimento.

1219 é o ano da fundação do primeiro mosteiro franciscano em Paris, onde se concentrarão os frades doutores, os quais, antes na condição de estudantes, depois na condição de docentes na Universidade, incentivarão a descentralização da Ordem de Assis.

1219 é, por fim, o ano em que Francisco toma consciência dessa ruptura, nascida dentro da própria irmandade, com a Regra e o modo de entender a pobreza. Cremos nós que tais foram, em conjunto, as razões de sua mudança, de se mostrar cada vez mais resignado e magoado.

Mas sigamos agora com ordem, analisando nos parágrafos seguintes os motivos e os momentos da guinada, sem retornar à clausura das irmãs, sobre a qual já falamos no capítulo anterior.

2. Egito: a missão no Oriente

Em junho de 1219, Francisco chega às zonas de guerra que se estendem da Síria ao Egito. É a área em que o exército dos cruzados enfrenta o exército do sultão, Al-Kamil. É uma guerra, que ainda costumamos chamar de "cruzada", que se trava no Oriente e agora assumiu, como todas as guerras, objetivos múltiplos, ou melhor, depois de mais de cem anos desde que se iniciou, cada um combate segundo suas motivações.

No princípio, quando foi lançada, tinha o sentido de "reconquistar" Jerusalém, sugerindo com o termo "reconquistar" que Jerusalém era cristã, enquanto ex-colônia do Império Romano do Oriente. No século VII, a colônia fora subtraída ao Império pelos árabes, vistos no Ocidente, portanto, como usurpadores e ocupantes ilegítimos.

Se este foi o pilar ideológico em que se fundou a propaganda inicial que acompanhava o empreendimento, passados centenas de anos, no século XIII, havia-se enxertado nesse pilar toda uma série de outras motivações, de frustrações pessoais, desesperos variados e amargas rivalidades.

Assim, muitos partiam animados pela esperança de ocupar novas terras, muitos esperavam transferir para outro tabuleiro os conflitos atávicos amadurecidos na Europa, muitos estavam em busca de investiduras, condecorações e ascensão social, muitos, enfim, também pretendiam expiar erros, culpas e vinganças, vivendo a cruzada como uma peregrinação e a morte como um possível martírio.

A costa médio-oriental, banhada pelo mar comum a asiáticos, africanos e europeus, era, fazia mais de um século, a grande forja em ebulição em que a guerra parecia se regenerar continuamente, como se fosse o único bem à disposição do homem, um bem inesgotável, sempre se renovando por meio de contínuos microconflitos, de novas transferências de objetivos e conquistas sucedâneas em nome de Jerusalém.

Assim, devia-se tentar chegar ao local onde o encontro com o caos e com o absurdo se fazia mais evidente e doloroso.

Francisco, como outros companheiros seus, resolveu ir até aquelas zonas, provavelmente animado pela ideia de servir de mediador entre os dois exércitos, o muçulmano e o cristão, esperando convencer pelo menos o exército cristão a regressar para casa.

Na Regra, ele prescrevera aos frades em missão junto aos sarracenos para "não entrar em brigas nem contendas", mas "ser sempre submissos, por amor de Deus, a toda criatura humana"[1].

Francisco fica com os militares por mais de dois meses no acampamento dos cristãos, na foz do delta do Nilo. Faz alguns anos que o conflito está descentralizado: o exército cristão tem como meta conquistar Damieta, porto egípcio estratégico, que espera trocar depois por Jerusalém, que continua a ser o verdadeiro objetivo do ataque.

Faz um calor tórrido, o ar é insalubre, os que não morrem pelas armas inimigas caem feito moscas, atacados pela disenteria e pelos mais variados tipos de doenças contagiosas.

Na estreita área incandescente onde estão presos, no lado desértico e mais desolado da foz do rio, os soldados enlanguescem à espera de que a diplomacia encerre seus trabalhos de lentidão exasperadora, mantendo-os suspensos entre a vida e a morte. Finalmente chega o sinal: atacarão no dia seguinte. Francisco então põe mãos à obra: tenta dissuadir os seus, os cristãos, de partirem para o ataque; procura se apoiar em seu lado mais fraco, o medo da derrota. Prenuncia-lhes

---

1. Regola non bollata [Regra não bulada], 16, in: *La letteratura francescana*, 30-31.

essa derrota, dizendo que vislumbrou, pressagiou, sonhou com ela. Os soldados, porém, obedecem às ordens, atacam, combatem, perdem e, por fim, voltam ao acampamento dizimados e destruídos: Francisco tinha razão, mas sua intervenção não bastou para deter a carnificina.

Então resolve ir ao acampamento inimigo, onde espera ser admitido à presença do sultão. Passa algumas horas, talvez alguns dias com ele, mas retorna de mãos vazias: a tentativa de mediar, de servir de pacificador não deu certo.

Francisco volta para Assis, com um aperto no estômago, um sabor amargo na boca. Era a segunda vez na vida que sentia na mão o cheiro de sangue, a segunda vez que via diante dos olhos a alma de um homem abandonando um corpo sadio – centenas de corpos sadios –, e essa experiência, como já ocorrera em Collestrada, faz com que seu espírito se sombreie, além de provocar uma piora irreversível em suas condições de saúde que o levarão lentamente à morte: "e na época em que ele foi para o além-mar, para pregar ao sultão de Babilônia e do Egito, contraiu uma gravíssima enfermidade nos olhos, devido à intensa fadiga da viagem, porque tanto na ida quanto na volta enfrentou um grande calor"[2].

3. Os novos frades

Enquanto ainda está no Egito, seus companheiros mais próximos, provavelmente Elias, que é ministro provincial na Terra Santa, informam-no que seus frades, ligados à área padana e norte-europeia da Ordem, vêm sendo investidos pela Cúria em altos cargos cada vez mais numerosos, e passam a ser vistos e equiparados cada vez mais a seus homólogos, os dominicanos, pelo seu nascimento, empenhados no esforço de combater a heresia e reformar a Igreja. É um envolvimento

---

2. CompAss, 77, 222-223.

a que Francisco e o grupo dos frades úmbrios se mantêm estranhos, embora venham-se tentando na área centro-itálica reformas em sentido contrário, mas igualmente condenadas por Francisco: Matteo de Narni e Gregório de Nápoles, nomeados vigários em sua ausência, emanaram normas sobre o jejum e a abstinência que traziam o risco de direcionar a Ordem para uma tradição monástica estranha à natureza da fraternidade.

A distorção, porém, não se restringe às novas funções aprovadas, nem aos novos estilos de vida. Alguns frades começam a atacar o pilar de sua doutrina, a pobreza, questionando sua conveniência.

A pobreza, dizem eles, deve ser entendida como uma pobreza mística e não como uma pobreza material: o que pode prejudicar o homem não são os bens, mas somente seu espírito.

Outros consideram prejudicial renunciar ao estudo e à ciência, rejeitar as promoções na hierarquia eclesiástica e, assim, abster-se de influir nas grandes decisões da época. Outros ainda veem na obrigação do trabalho manual – que a Regra impõe a todos os frades – um obstáculo inútil a atividades como a pregação e o cuidado das almas, tidas como mais prementes e mais eficazes. Para outros, enfim, a obrigação, em caso de necessidade, de se desfazer dos livros – inclusive os litúrgicos – para prover às necessidades de um indigente é loucura, se não fanatismo. Fanática também a proibição de viver em mosteiros de alvenaria: em alguns países – objeta-se –, a madeira é mais cara do que o cimento e as pedras.

Conforme se multiplicam, as acusações se detalham e se tornam mais incisivas. As objeções à Regra descem aos pormenores até esfrangalhá-la linha por linha, passagem por passagem, parágrafo por parágrafo.

Graças às missões, a Ordem já conta com alguns milhares de adeptos. Entre os que tomaram o hábito, há falantes de alemão, húngaro, inglês, francês, espanhol. Aumentando o número deles e das províncias geográficas, a ascendência de Francisco diminui na periferia da

Ordem, e é cada vez mais complicado canalizar, controlar, disciplinar a infinidade de novos recrutas.

Muitos conhecem Francisco apenas de vista, por ocasião dos capítulos gerais, das assembleias plenárias dos frades que continuam a ocorrer todos os anos em Assis. Durante essas reuniões, Francisco começa a viver o paradoxo de frades desconhecidos que vêm a seu encontro, beijando-lhe as mãos e o hábito como se fosse um santo, e de frades que, pelo contrário, insultam-no pelas costas, evitam-no, olhando-o com suspeita e até com raiva.

Essa facção dos frades passa a cochichar que agora Francisco vive encerrado dentro de um círculo mágico, o dos companheiros. O ataque, portanto, não se dirige apenas a ele, mas a todo o grupo original do movimento. Um grupo que, para muitos, já esgotou sua função histórica e, assim, deve sair de cena, abrindo passagem para o novo que avança. Francisco ainda está vivo, mas muitos se comportam como se já tivesse morrido, mostrando que já o sentem como um peso, como um guia ultrapassado, inútil para os destinos futuros do movimento.

O incômodo em relação a ele e à sua direção amadureceu e se tornou de domínio público a tal ponto que – como vimos – nem mesmo Tomás de Celano, escolhido pela Cúria pontifícia como biógrafo oficial justamente para silenciar as fricções internas da Ordem, consegue omiti-las inteiramente. Mas, se Tomás deixa transparecer levemente aquele clima sombrio que se criou em torno de Francisco, depois de sua volta do Egito o grupo dos companheiros denuncia abertamente a situação. Com efeito, o testemunho deles é, acima de tudo, uma crônica detalhada dos últimos anos de vida de Francisco. Uma crônica dos últimos anos que se transforma numa crônica dos últimos dias, que conduz lentamente o leitor até a morte de Francisco; uma morte apresentada também como morte simbólica do movimento e prenunciada por sua clamorosa demissão da condução da Ordem.

4. A demissão de Francisco da condução da Ordem

Passaram-se cerca de dois anos desde a volta do Egito, mas o clima de tensão exposto pelos companheiros no momento de seu regresso não se extinguiu: prosseguem as disputas entre os frades e muitas vezes explodem durante os capítulos gerais. É cada vez mais frequente nessas reuniões acontecer algo que seria inimaginável na primeira década de vida franciscana, a saber, que Francisco seja criticado em vez de ser ouvido. É também cada vez mais frequente que os frades que o criticam recorram ao cardeal protetor para reclamar de seus excessos, para pedir que pressione Francisco a fim de conceder uma Regra menos rígida.

Na assembleia de 1221, porém, Francisco faz algo que nem seus companheiros mais próximos esperavam: apresenta de maneira imprevista sua demissão da condução da Ordem e abandona todos os seus encargos institucionais.

Espera, talvez, aplacar a oposição deles com sua demissão? Julga que, removendo o objeto das disputas, isto é, ele mesmo, diminuirá a possibilidade de atacar a Ordem toda? Não temos como saber, mas os companheiros narram o episódio com a amargura de quem interpreta a demissão como uma derrota de Francisco e sua renúncia a retomar o controle sobre seu movimento:

> Com seus frades Francisco quis ser humilde. E para conservar maior humildade, poucos anos depois da sua conversão, num certo capítulo em Santa Maria da Porciúncula, renunciou ao governo da Ordem dizendo: "De agora em diante estou morto para vós; mas aqui está frei Pietro di Cattanio, a quem vós e eu obedeceremos". Então todos os frades começaram a lamentar em voz alta e a chorar muito; e Francisco, prostrando-se diante de frei Pietro, prometeu-lhe obediência e reverência. E continuou até a morte simples súdito, como um dos tantos frades [...]. Já muito antes da morte

para maior perfeição e humildade disse ao ministro geral: "Quero que designes para mim, segundo tua escolha, um de meus companheiros, a quem eu deva obedecer como a ti; pois quero dar bom exemplo e quero que a virtude da obediência permaneça sempre comigo em vida e na morte". Desde então e até a morte teve sempre um companheiro seu como guardião a quem obedecer em lugar do ministro geral [...]. E uma vez disse a seus companheiros: "Não haveria no mundo superior tão temido por seus súditos e por seus frades quanto o Senhor me faria temível para meus frades, se eu o quisesse. Mas concedeu-me o Altíssimo a graça de querer ser considerado por todos como o último da Religião"[3].

5. A Regra

Nos primeiros tempos da *fraternitas*, Francisco e os companheiros não precisavam de uma Regra, pois viviam como simples penitentes.

Quando os passantes diante do palácio dos Priores em Perúgia ou na praça do município de Foligno, vendo-os exortar à misericórdia, vestidos com panos crus, cingidos na cintura pelo cordão, perguntavam-lhes quem eles eram, respondiam simplesmente serem "homens de penitência oriundos da cidade de Assis"[4].

No começo, foi o próprio bispo deles que os protegeu, concedendo-lhes alguns locais, o primeiro deles San Damiano, onde pudessem fazer penitência, mas com o passar do tempo, com o aumento da família, ficou evidente que não podiam continuar sem uma Regra. Uma Regra que os protegeria de acusações e ataques, pois o modo de vida da fraternidade – igualitário, sem distinções entre os sexos e sem uma verdadeira hierarquia – podia ser visto como uma crítica, uma acusação,

---

3. Ibid., 11, 32-33.
4. TreComp, X, 51.

uma ameaça; uma ameaça – cabe dizer – mais perigosa para a sociedade civil do que para a religiosa, na medida em que a Igreja estava tradicionalmente habituada a enfrentar acusações de ter traído o estilo de vida do cristianismo primitivo, ao passo que o poder civil, precisamente naqueles anos, enfrentava pela primeira vez em vários séculos o ataque – promovido pelas classes citadinas em ascensão – à sua estrutura de poder elitista e conservadora.

Nesse contexto, os laicos – mais do que os eclesiásticos – precisavam defender a ideia de uma sociedade baseada na indiferença em relação aos mais fracos e na exclusão dos marginalizados, sem se encarregar deles; uma sociedade decidida a impor uma rígida distinção entre as classes e a manter a submissão das mulheres e dos filhos.

A comunidade civil, portanto, era a primeira a temer críticas explícitas ao exercício do poder; ademais, as perseguições contra os hereges ou contra os pregadores pauperistas foram, em primeiro lugar, iniciadas e sustentadas pelo poder laico.

Para evitar o risco de que Francisco e os seus fossem vítimas de tais acusações, o bispo de Assis os convenceu, no remoto ano de 1208, a pedirem a aprovação oral do papa a uma forma primitiva de vida. Cerca de dez anos depois, porém, ela se mostrava insuficiente para regulamentar um movimento que crescera de uma maneira incrível. E foi a necessidade de chegar a um texto normativo – dessa vez por escrito – novo e definitivo que, entre 1221 e 1223, deflagrou ríspidas polêmicas entre os frades. A demissão de Francisco não conseguira extingui-las, pois a maioria o acusava de continuar a exercer, de todo modo, o papel de guia moralmente incontestado da Ordem.

O capítulo de 30 de maio de 1221, chamado "das esteiras", foi dedicado justamente à questão da nova Regra, que devia ser submetida à aprovação papal.

Os frades doutores voltaram, nessa ocasião, a atacar Francisco, a quem consideravam rigoroso demais ao ditar obrigações e prescrições, não hesitando em irem reclamar com o bispo, para que o convencesse a chegar a um texto mais brando:

Durante o capítulo geral em Santa Maria da Porciúncula, capítulo chamado das esteiras, com Francisco estavam presentes cinco mil frades; muitos frades cultos e doutos se dirigiram ao senhor cardeal, que depois se tornaria papa Gregório e que estava presente no capítulo, e lhe disseram para persuadir Francisco para que, seguindo o conselho desses frades doutos, se deixasse guiar por eles, entregando-lhes a Regra de São Bento, de Santo Agostinho, de São Bernardo, que ensinam a levar uma vida religiosa[5].

6. Verna: a quaresma de São Miguel

Ao alvorecer o dia, enquanto estava em oração, pássaros de toda espécie vieram sobre a cela em que residia; não todos juntos, porém; antes vinha um e cantava com seu canto doce e ia embora voando, depois vinha outro e cantava e ia embora; e assim fizeram todos. E Francisco ficou muito surpreso com a coisa e obteve grande consolação. Mas depois começou a refletir sobre o que isso significaria. E lhe foi dito pelo Senhor em espírito: "Esse sinal quer dizer que o Senhor irá te fazer algo bom nessa cela e te dará muita consolação"[6].

Em 1224 Francisco decidiu passar a quaresma de São Miguel – os quarenta dias anteriores a 29 de setembro, festa do Arcanjo – em Verna, próxima a Arezzo.

É um homem devastado que se põe a caminho para a montanha aretina, é um homem a quem a beleza da paisagem ao redor não diz mais nada; o perfume resinoso das faias não fala mais; nem lhe falam as nuvens que se perseguem esparsas sobre os montes do lado oposto

---

5. CompAss, 18, 56-57.
6. Ibid., 118, 396-397.

ao vale; é um homem que já não segue com o olhar o voo da cotovia, nem o sombrio bitonal do mocho ou o arrulhar cadenciado das rolas; não responde ao voo de acolhida do falcão-peregrino, que o saúda ao vê-lo entrar em seu território; não percebe, pelo repentino farfalhar das folhas, a presença oculta de um javali ou de um cervo, tampouco intui, ao pisar num espinho bicolor, a passagem recente de um ouriço ou de um porco-espinho. Tudo está mudo em seu redor. Mudos os vilarejos que se sucedem como filas de árvores ao longo do caminho, mudas as manchas de zimbros e giestas exuberantes, mudo o aroma da menta selvagem e do tomilho que se desprende a cada passo seu, a cada pressão do pé sobre o solo; o bosque que antigamente lhe era amigo não parece mais exalar seu inconfundível perfume de musgos e samambaias.

É um homem que agora mede apenas a hostilidade que se formou em torno de si, que vê apenas a dureza do muro que o cerca, que avalia apenas o peso de sua derrota.

É um homem que não renuncia a perscrutar em segredo as razões dessa oposição; uma oposição às vezes incompreensível, pois os que se revoltam contra ele são homens que decidiram voluntariamente ingressar na fraternidade, abraçar a pobreza e a forma de vida de Francisco.

São homens que ainda poderiam optar por deixar a Ordem, como ele mesmo os aconselhou várias vezes; são livres para deixar seus princípios, se esses não os convencem mais, livres para abandonar um caminho que – com toda a evidência – não querem mais seguir; mas, em vez disso, continuam e querem é convencer Francisco a mudar, a deixar de querer aquilo que sempre quis, a recusar aquilo pelo qual obstinadamente lutou e pelo qual, anteriormente, abandonara as alegrias e os confortos do mundo.

Intransigente, desumano e fanático, julgam-no muitos de seus opositores, até orgulhoso e vaidoso naquela sua teimosa persistência no caminho da pobreza absoluta; mas, sem a pobreza, seu caminho lhe pareceria vazio, como que desprovido de sal e de fermento: uma senda cega, que não leva a lugar algum. Descartar a pobreza significaria para ele renunciar ao essencial de seu projeto, fitar paisagens que não lhe correspondem interiormente, percorrer estradas que não são as suas, encontrar obstáculos que não cabe a ele superar.

Não avaliam – os que lhe são contrários – o que lhe estão pedindo: mosteiros seguros, despensas repletas, dispensa do trabalho manual, posse de livros, montarias para os deslocamentos, cargos importantes, possibilidade de influir nas grandes questões da história cristã. Demandas até razoáveis, se apresentadas por homens razoáveis, mas que ele não pode acolher, nem no todo, nem na parte, sem lançar ao mar toda a sua Ordem, anulando de uma vez por todas os quinze anos transcorridos.

> Diversos ministros se dirigiram a frei Elias, vigário de Francisco, e lhe disseram: "Ouvimos que esse frei Francisco está fazendo uma nova Regra e tememos que a torne tão dura que não poderá ser observada. Queremos que vás até ele e lhe digas que não queremos ser sujeitos a essa Regra. Que ele a faça para si, não para nós"[7].

"Esse frei Francisco" é como agora o chamam os frades doutores, como se fosse um frade qualquer, como se fosse um igual.

Quanto mais Francisco reluta em lhes conceder as mudanças requeridas, mais intensificam seus protestos e mais urgente se torna para eles negar seu papel de guia, de pai, de espinha dorsal da Ordem.

Assim Francisco avança, passo a passo, naquela terra escondida entre o Tibre e o Arno, já exausto pelos repetidos exílios; o juvenil da casa paterna, e o recente da sua Ordem, que julgara ser morada segura.

Enquanto avança com passos inquietos pela trilha que o leva a Sansepolcro, uma companheira desdenhosa se põe a seu lado: zomba

---

7. Ibid., 14, 52-53.

dele, desdenha-o, ridiculariza-o; não tem dificuldade em convencê-lo de que tudo não passou de ilusão, que mudar de caminho foi mero engano seu, pois todos os caminhos levam inevitavelmente à solidão e ao nada. Confuso, desespera-se, lamenta: "Quem me rouba meus frades?"[8], percebendo também que se afastar, deixar a direção da Ordem, não serviu para nada, não acalmou os protestos e que, pelo contrário, corre o risco de abandonar todos os seus frades às mãos de quem quer apagar todos os direitos de Francisco sobre sua irmandade.

É ela, a solidão, que ressurge depois de quase duas décadas. É a solidão que o perseguia pelas ruelas estreitas de Assis quando, ainda jovem, ninguém queria acompanhá-lo, ninguém pretendia se gabar de conhecê-lo, ninguém mais se apresentava como parente ou amigo.

A solidão daquela época tinha algo de heroico, porque era uma solidão procurada, desejada, como prelúdio de sua nova vida. Agora, pelo contrário, essa solidão nada tem de nobre e grandioso, não é uma renúncia deliberada, mas uma injúria sofrida, perante a qual não tem escolha senão tornar-se vítima desprotegida.

Bastaria um gesto corretivo, um gesto de autoridade, de punição, de vingança contra os que querem excluí-lo e prontamente retomaria o controle de sua criatura, mas é exatamente isso que Francisco não pretende fazer.

Nos dias que passa em Verna, entre as rochas e os abetos dos Apeninos, não quer a presença de ninguém, nem de frei Leão, que também foi com ele, mas que recebeu instruções de se manter à distância, pois Francisco quer falar sozinho com Deus, quer reencontrar a presença de Deus. É ele quem lhe há de dar um sinal, uma prova de que tudo o que se passou não foi em vão, que essa turvação repentina das águas não anulará a alegria passada.

Sobre o que Francisco viu e fez nesses quarenta dias passados entre as rochas e as azinheiras de Arezzo já correram rios de tinta, pois

---

8. Ibid., 44, 96-97.

nesses dias Deus lhe concederia um sinal, um selo especial: as marcas de seus estigmas.

Quanto a isso, os companheiros mencionam apenas a aparição de um serafim, de um sonho, de uma visão que o consolou de suas amarguras, deixando-o num estado de graça que não o abandonaria mais, até o dia da morte.

Uma coisa é certa: o Francisco que sobe a Verna é um homem transtornado e derrotado, um homem que sofreu ataques vergonhosos e violentos, para quem tudo ao redor se fez hostil e silencioso, enquanto o Francisco que desce de Verna é um homem de quem o mundo volta novamente a falar.

7. San Damiano: o adeus a Clara

Depois da estada em Verna, se seu espírito se eleva, o corpo se desmorona, agravando-se a doença.

Voltando a Assis, Francisco decide inesperadamente se hospedar em San Damiano.

Estamos em março de 1225, a um ano da sua morte, portanto.

San Damiano foi seu primeiro abrigo, logo após a conversão, e San Damiano agora é a casa das irmãs.

Passa ali, numa pequena cela feita de ramos, encostada ao convento, cerca de cinquenta dias. À noite, as dores se tornam mais penosas de suportar e ele é atormentado por um grande bando de ratos, animais que dificilmente suporta e que não param de lhe invadir a cama e a mesa, sem mostrar qualquer vontade de abandonarem suas posições. Apesar do desconforto, Francisco resiste e, dia após dia, começa a respirar as lembranças daquela primeira fase que ainda habitam ali: passa-as pelo crivo da mente, filtra-as na alma, revive-as, mede-as e provavelmente reencontra nelas a unidade profunda de seu grupo primitivo, composto de homens e de mulheres, que deu seus primeiros passos em San Damiano.

O local é carregado de uma força positiva, é carregado de sua história e continua fértil graças à presença viva das irmãs que, no silêncio do mosteiro – agora fechado ao mundo –, não cessam de amar Francisco, não cessam de ampará-lo, não cessam de invocar sobre ele a proteção celestial.

Os companheiros – que desde sempre mantêm com elas uma relação assídua – não deixam de informá-las, não deixam de fazê-las saber que Francisco está cada vez mais doente; que lhe é cada vez mais difícil suportar o martírio diário de seus sofrimentos, mais e mais dilacerantes. Diante dessas notícias tão dolorosas, as irmãs reagem como podem, como só a elas é permitido, velando e orando, na esperança de que Francisco, nas atribulações, não pense que está só, mas que faz parte de uma família que se estreita a seu redor.

Mas como o amor das irmãs pode atravessar a porta agora fechada do convento? Transformar-se em braços que o enlacem e o reconfortem?

De alguma maneira, algo desse amor inerme, mas obstinado, passa. Algo deve, por fim, chegar até ele, visto que, após uma noite insone, na presença hostil de ratos e da doença, acorda de manhã sentindo aflorar um cântico de vida.

O amor das irmãs, portanto, deve ter fluído por uma passagem oculta em sua cela, não aquela usada pelos ratos invasores, nem pelas janelas escurecidas para lhe proteger os olhos, mas por uma passagem imprevista o amor fluiu, revigorando seu corpo enfermo, o qual, agora desperto, dita a Leão um *Cântico* novo:

Louvado sejas, meu Senhor, pela irmã lua e pelas estrelas,
no céu fizeste-as claras e preciosas e belas.
Louvado sejas, meu Senhor, pelo irmão vento,
e pelo ar e pela névoa e pelo sereno e por todo tempo
pelo qual dás sustento a tuas criaturas.
Louvado sejas, meu Senhor, pela irmã água,

que é tão útil e humilde e preciosa e casta.
Louvado sejas, meu Senhor, pelo irmão fogo,
com o qual iluminas a noite
e ele é belo e jucundo e robusto e forte[9].

Nesses mesmos dias em San Damiano, sempre nesse estado de ânimo, inspirado e comovido, escreve uma carta a Clara.

Já sente a morte avançar a suas costas, como um sicário silencioso que espera paciente o momento de sua rendição, e então se apressa em entregar à amiga mais querida suas últimas vontades.

Enquanto o destino da Ordem ainda lhe parece obscuro e fugaz, pede às irmãs que fiquem vigilantes para não se afastarem jamais, por "conselho" de alguém, daquela pobreza que prometeram a ele e a Deus: "Peço-vos, minhas senhoras, e vos recomendo que vivais sempre dessa forma santíssima de vida e pobreza. E vigiai muito para que, pela doutrina ou pelo conselho de alguém, jamais de modo algum vos afasteis dela"[10].

Francisco parece perceber que paira uma ameaça concreta sobre o futuro das irmãs, que logo serão privadas de sua proteção e talvez também da dos frades. Francisco prevê com lucidez que o ataque se dará precisamente ali, onde a Ordem é mais frágil, em seu componente feminino.

A carta, porém, reflete sua plena confiança em Clara, a quem considera capaz de se tornar um baluarte contra as perturbações em curso; mostra um tom confidencial, de quem tem certeza de que a interlocutora entenderá aquela advertência obscura para que desconfie "da doutrina e do conselho de alguém", alguém que gostaria de tirá-la da pobreza, que gostaria de tirá-la da comunidade dos frades para convertê-la em outra coisa. Contra essa ameaça, que considera real e

---

9. Cantico di frate sole [Cântico do irmão Sol], in: *La letteratura francescana*, v. I, 218-219.
10. Ultime volontà inviate a Chiara [Últimas vontades enviadas a Clara], in: *La letteratura francescana*, v. I, 228-229.

concreta, Francisco conclama as irmãs a resistirem: "jamais de modo algum vos afasteis dela". Trata-se de uma última vontade, que Francisco confia a Clara, certo de que ela saberá lhe ser fiel até o fim.

8. Último retiro em Fonte Colombo: quem tem medo do irmão fogo?

Depois da longa permanência em San Damiano, os companheiros o levam a cavalo ao eremitério de Fonte Colombo, quando sua saúde se deteriora gravemente.

Agredindo o corpo já frágil, já franzino desde os tempos da juventude, sucedem-se continuamente vários problemas no estômago, nas pernas, além do tracoma que piora dia a dia, tornando-lhe agora insuportável a luz diurna do sol e a luz noturna do fogo.

Os frades agora têm dificuldade em aliviar suas dores, causadas pelas inúmeras chagas; fazem o que podem, assistem-no, fazem curativos, confortam-no, trocam continuamente as ataduras de linho que envolvem as mãos e os pés de Francisco; cortam e costuram novos capuzes, inventam novos tipos de proteção dos olhos que possam afastar o reflexo da luz que o faz sofrer tanto.

Velam noite e dia para que Francisco nunca fique só, apertam suas mãos, reconfortam-no, leem para ele, rezam com ele, riem com ele na tentativa de ocultar as lágrimas que têm certeza de que não enxerga mais. Elias, enfim, o mais pragmático do grupo, o mais dotado de força de ânimo, tenta uma última manobra: obriga-o a permitir que o médico que o atende faça uma cauterização.

Os companheiros passam a noite da intervenção acordados: querem infundir coragem a Francisco, e Francisco, por sua vez, tenta infundir coragem neles, que parecem apavorados e transtornados.

Francisco tampouco esconde seu medo: um ferro incandescente vai lhe acariciar o rosto.

No dia seguinte, protela, diz que quer esperar o retorno de frei Elias de Assis, que prometeu chegar antes da intervenção. Talvez queira receber dele a coragem necessária, que sente começar a faltar, ou talvez ainda tenha esperança de evitar o que lhe parece uma tentativa inútil de arrancá-lo à morte, uma morte que sente já próxima e irmã. Protela mais um dia, mais uma hora, uma oração nas Vésperas, depois outra nas Completas, até que por fim, na Matutina, o cardeal de Óstia se impõe: Francisco passará pela intervenção na ausência de Elias; outra delonga poderia ser fatal:

> Veio o médico ao eremitério e disse a Francisco que era preciso cauterizá-lo do maxilar à sobrancelha do olho mais doente. Mas o beato Francisco não queria se submeter à intervenção antes que chegasse frei Elias; visto que ele, porém, nunca chegava, devido aos vários compromissos, ele titubeava em se submeter ou não ao tratamento. Mas obrigado pela necessidade, devido à obediência que devia ao bispo de Óstia e ao ministro geral, disse que estaria disposto a obedecer, mas não costumava ter semelhantes preocupações por si e por isso queria que a iniciativa partisse do ministro geral [...]. Quando chegou o médico com o instrumento com que fazia as queimaduras para as doenças dos olhos, disse para acender o fogo e o pôs a esquentar. Francisco para reconfortar seu ânimo e impedir que ele viesse a lhe faltar, falou com o fogo: "Meu irmão Fogo, nobre e útil entre todas as criaturas, sê gentil comigo nessa hora, pois uma época já te amei e ainda te amarei por amor daquele que te criou. E rogo a nosso Criador que dilua teu calor, para que eu o possa aguentar". Terminada a oração, fez o sinal da cruz sobre o fogo. Nós que estávamos com ele fugimos todos de medo e compaixão. Somente o médico ficou com ele[11].

---

11. CompAss, 86, 254-259.

9. Bagnara: Francisco sob escolta

A cauterização, como previra Francisco, não resultou em nada. Os tormentos continuaram e Francisco ficou completamente cego.

Após uma curta permanência em Siena e Cortona, os frades o levam a Bagnara, perto de Nocera Umbra, onde havia um novo mosteiro. Para todos já é evidente que a morte se aproxima, que Francisco piora hora a hora e poderia não atravessar a noite. Enquanto os frades chegam a Bagnara, a notícia da piora de Francisco volta a Assis, onde as autoridades citadinas, alarmadas, apressam-se em enviar uma guarnição de homens para trazê-lo de volta para casa:

> Regressando de Siena e de Celle de Cortona, Francisco foi a Santa Maria da Porciúncula, depois passou em Bagnara, acima de Nocera, para ficar por algum tempo. Pouco antes fora construída uma casa para os frades.
> Os pés e os joelhos já haviam começado a inchar devido à hidropisia; assim, começou a se agravar muito. Como os cidadãos de Assis souberam que se agravara naquele lugar, mandaram soldados às pressas para o trazerem de volta a Assis, temendo que morresse ali e outros ficassem com seu santíssimo corpo[12].

10. O palácio do bispo de Assis: último ato

Retornando a Assis, Francisco fica alojado no palácio episcopal, por ordens do bispo.

Ali, apesar das dores, entrega-se a uma felicidade insólita, eufórica, quase excessiva; talvez seja a felicidade de alguém que tem certeza de que seus tormentos logo findarão, que tem consciência de finalmente

---

12. Ibid., 96, 286-287.

alcançar a meta, que está seguro de que descansará em breve do cansaço que já dura tanto tempo.

Os companheiros escrevem que recitam com frequência o *Cântico* acompanhado de uma cítara. Registram também que ressoa uma música constante no palácio do bispo e que isso acaba por colocá-los em situação embaraçosa diante dos habitantes de Assis, os quais, pelo contrário, pranteiam o fim que se aproxima.

> Enquanto estava no palácio do Bispo de Assis, tendo chegado de Bagnara, já muito grave, o povo de Assis, por temor de que, morrendo à noite, os frades pegassem às escondidas seu santo corpo e o depusessem numa outra cidade, estabeleceram que durante a noite os muros do episcopado ficariam diligentemente guardados.
> O beato Francisco, apesar de gravemente enfermo, para consolar seu espírito a fim de não se abater pelas tantas e várias enfermidades, amiúde pedia aos companheiros que cantassem durante o dia as *Laudes Domini*, que ele próprio compusera muito tempo antes, durante sua doença. Da mesma forma de noite também, sobretudo para edificação daqueles guardas que à noite, por sua causa, ficavam de vigia no lado de fora do palácio.
> Frei Elias, intuindo que Francisco fazia isso para se confortar por seu estado grave e se rejubilar no Senhor, colocado em tantas tribulações, um dia lhe disse: "Caríssimo irmão, estou consolado e edificado pela alegria que buscas despertar em ti e em teus companheiros, num estado tão grave. Muitos homens dessa cidade, mesmo considerando-te um santo, estão persuadidos que logo morrerás por causa de teu estado, e então poderiam se perguntar por que à beira da morte te entregas a tanta alegria, em vez de te preparares para a passagem"[13].

---

13. Ibid., 99, 300-303.

Francisco, porém, também precisa enfrentar questões menos amenas do que as vãs preocupações de Elias: os ataques à sua Regra não esmorecem e agora, à beira da morte, voltam a acossá-lo.

Por muitos canais continua a chegar-lhe o pedido para abrandá-la, para eliminar as proibições mais duras, para aliviar a carga dos frades, para fazer mais concessões.

As reivindicações são sempre as mesmas: o que pedem os frades é possuir livros, não serem obrigados ao trabalho braçal, poder aceitar esmola em dinheiro, construir conventos em alvenaria, progredir, apresentando-se a ocasião, nos cargos e na carreira eclesiástica. Tudo isso continua a soar para Francisco como um ataque à pobreza, que, para si, continua a ser o fundamento de sua proposta de vida. Somente a pobreza pode garantir a menoridade, que é a única chave com que os frades devem ler e interpretar o projeto que Francisco definiu para eles.

Então os companheiros incentivam-no, provocam-no, rogam-lhe, suplicam que dê um sinal, rechace os ataques que se seguem a suas recusas, corrija os desvios, retome o controle da Ordem, antes que seja tarde demais. Francisco recusa:

> Enquanto o beato Francisco ainda estava naquele palácio, disse-lhe um de seus companheiros que estavam com ele: "Pai, desculpa-me, pois o que te quero dizer já outros o consideraram". E disse: "Bem sabes o quanto, em certa época e por graça de Deus, nossa Ordem floresceu em pureza e perfeição. E como todos os frades com fervor e solicitude observavam a santa pobreza: nas construções pequenas e pobres, nos utensílios simples, nos livros pequenos e pobres e nos trajes pobres. E como nessas e em outras coisas exteriores todos tinham a mesma visão, pressurosos em observar tudo o que se referisse à nossa profissão e vocação e ao bom exemplo; como também eram unânimes no cuidado de Deus e do próximo; desde algum tempo, porém, essa pureza começou a tomar natureza e formas diferentes; e embora muitos frades digam e se justifiquem que isso se

deu por causa da expansão da Ordem, tal não pode ser sustentado pelos frades [...]. Visto que as coisas que consideramos, cremos que te desagradam, surpreendemo-nos e perguntamo-nos por que, mesmo te desagradando, tu as toleras e não as corriges?".

O beato Francisco disse: "O Senhor te perdoe, irmão, pois queres ser-me contrário e inimigo e envolver-me em coisas que não competem à minha função [...]. Minha função é espiritual, devo refrear e emendar os vícios. Mas se refrear e emendar os vícios não consigo, não quero me tornar um carnífice que bate e flagela como fazem as autoridades desse mundo"[14].

11. Os companheiros tomam a via dos eremitérios

Para não deixar nenhuma dúvida sobre suas vontades, Francisco ditou à beira da morte um *Testamento*, em que recomendava aos frades que não interpretassem nem acrescentassem explicações à sua Regra, mas que a seguissem sempre ao pé da letra, pondo em prática suas palavras simples e claras:

> E não digam os frades "essa é uma outra regra", porque esta é uma memória, uma admoestação, é meu testamento, que eu pequeno frade Francisco faço a vós, abençoados frades meus, com essa finalidade, para que observem melhor e em sentido ortodoxo a Regra que prometemos ao Senhor [...].
> E a todos os meus frades, clérigos ou laicos, ordeno firmemente que por obediência não aponhais comentários à Regra nem a essas palavras, dizendo: assim se deve interpretar [...], mas entendei-a ao pé da letra e com santas ações observai-a até o fim[15].

---
14. Ibid., 106, 333-339.
15. Testamento di Francesco [Testamento de Francisco], in: *La letteratura francescana*, v. I, 220-227.

O *Testamento*, porém, em vez de pôr um ponto final quanto à maneira de seguir a Regra, trouxe novos problemas sobre a interpretação a ser dada ao próprio *Testamento*, se devia ser entendido como texto normativo e, portanto, como uma prescrição inescapável, ou como simples conselho espiritual. Por fim, o papa interveio para estabelecer que o texto não tinha valor normativo e, desde então, a posição dos que queriam se manter fiéis ao texto, em primeiro lugar os companheiros, seguindo suas disposições ao pé da letra, ficou cada vez mais constrangedora no interior dos mosteiros, onde os noviços eram, inversamente, instruídos a seguir a Regra em forma atenuada.

As discussões que se desencadearam, antes e depois da morte de Francisco, assumiram a forma de uma ruptura irremediável que acabou por pulverizar o grupo histórico dos companheiros, aturdindo-os, reduzindo-os ao silêncio, até levá-los a se separar e a tomar a via dos eremitérios retirados e escondidos.

Toda a má vontade contra Francisco, que aumentara nos últimos anos de vida, foi descarregada após sua morte sobre os companheiros, que compartilhavam – conscientemente – suas posições. Começaram a tomar forma as mesmas acusações contra eles: eram tachados de fanáticos por causa da obstinação em seguir a pobreza absoluta, e sempre que procuravam fazer valer as palavras de Francisco, que eles próprios tinham ouvido, tentava-se desacreditá-los, sugeria-se que não tinham instrução suficiente, conheciam as grandes questões políticas e teológicas da época. Mas o que mais contribuiu para convertê-los num grupo marginalizado e disperso foi a prática cotidiana de ignorá-los, de fingir que não haviam desempenhado um papel fundamental nessa história, que não haviam sido seus verdadeiros protagonistas e eram seus herdeiros legítimos; eram cada vez menos procurados, cada vez menos recorria-se a seus testemunhos, à sua autoridade moral, cada vez menos eram chamados a participar das grandes decisões referentes ao futuro da Ordem.

O único deles que teve um reconhecimento equivalente ao papel que tivera na *fraternitas* foi frei Elias, mas veio a se tornar uma parábola que descrevia bem a situação do momento. A oposição dos frades sacerdotes e dos frades doutores a Elias – como vimos – foi tamanha que o obrigou à demissão; e ele acabou passando seus últimos dias numa solidão marcada pela suspeita e pelo descrédito, alimentando o surgimento de uma *damnatio memoriae* que perdura até hoje.

Após o afastamento de frei Elias, os frades sacerdotes – que haviam conduzido a campanha contra ele – tomaram definitivamente o controle da Ordem e, para impedir que os frades úmbrios, em sua maioria laicos, retomassem com a força de seu peso moral a direção da instituição franciscana, estabeleceram que, a partir daquele momento, somente os sacerdotes poderiam ocupar os cargos de guardiães ou de geral da Ordem. Como ao mesmo tempo os frades foram encaminhados aos estudos, gradualmente pôde-se estabelecer a equivalência irmão laico = irmão inculto. Ao longo dos séculos, essa equiparação foi aplicada inconsciente e inevitavelmente ao próprio Francisco, operando como uma incrível lente de distorção.

O fato de terem sido seus companheiros não só não lhes rendeu nenhum papel no pós-Francisco, mas também atraiu sobre eles um rancor crescente: com sua mera presença, testemunhavam como monumento vivo, como consciência falante, como monólito imóvel, uma história que incomodava os novos frades, tal como os incomodava também aquele cheiro de casebre, de cela mal aquecida, de hábito remendado, de resto de sopa que se respirava em Assis e arredores; um cheiro que queriam eliminar, como lembrança indigesta e distante, mas que os companheiros se obstinavam em celebrar como se fosse a época feliz do movimento.

Iam longe os tempos em que – estando Francisco vivo – os frades tinham obrigação de realizar as assembleias anuais na planície úmbria, no vilarejo da Porciúncula, em torno das paredes irregulares da pequena igreja de Santa Maria dos Anjos. Iam longe os tempos em que os frades vindos do outro lado dos Alpes e do além-mar instalavam suas próprias cabanas provisórias, com palha recolhida na mata vizinha ou presenteada pelos camponeses do lugar.

A realização dos capítulos gerais em Assis deixou de ser a norma, passando-se a escolher cada vez mais os mosteiros distantes do norte da Itália e do norte da Europa, para tomar decisões cruciais. Isso fazia parte da estratégia de descentralização da Ordem de Assis, excluindo os companheiros, que, em vez daqueles locais distantes, onde sua presença não era desejada nem bem-recebida, preferiram os abrigos silenciosos e desérticos dos Apeninos.

Isso os levou a mudarem radicalmente de vida: começaram – tal como Francisco havia feito em seus últimos anos – a evitar os centros urbanos, onde morava a maioria dos frades e onde as disputas sobre o modo de comer, orar, pregar e prover às necessidades cotidianas ofereciam constantes pretextos de discussão.

Nos mosteiros citadinos, uns deviam ceder à vontade dos outros, conforme a linha adotada pelo frade guardião: se ele era seguidor fiel da Regra, podiam ficar; mas, se visse com suspeitas o rigor que os companheiros mostravam ao segui-la – se o sentisse como uma reprimenda à sua aplicação mais frouxa –, então o melhor era partirem.

A cada vez, o que ditava o clima geral era a orientação e a atitude do ministro geral, líder supremo da Ordem, ao qual estavam hierarquicamente submetidos todos os ministros provinciais e guardiães.

De fato, deu-se uma divisão tácita, mas aplicada na prática, entre os mosteiros: o fato de pedir a designação para um determinado mosteiro, em vez de outro, já significava tomar posição a favor de um ou do outro alinhamento, qualificando-se como seguidor ou não da observância à Regra.

Em todas as vezes em que o contraste se manifestou abertamente, os companheiros preferiram tomar a via dos eremitérios, seguindo aquele eixo apenínico que, a partir de então, passou a indicar não só uma área geográfica, mas também o local do exílio voluntário, o local para onde poderiam se retirar os que pretendiam se manter fiéis à Regra e ao *Testamento* de Francisco, e onde era possível levar uma vida como antes, sem despertar o incômodo, o ressentimento, a perseguição daqueles outros que queriam a mudança ou que já estavam se adaptando à mudança.

Os companheiros tentavam não tomar o lado de uma nem de outra corrente, esquivando-se à tentativa de conquistar novos mosteiros, recusando protestarem junto ao pontífice para obter vitórias e avanços para seu lado. Esforçavam-se em viver somente aquela vida que lhes fora ensinada por Francisco, cuja memória se empenhavam – como única forma de resistência – em manter viva.

Poggio Bustone, Foresta, Monteripido, Sarteano, Sefro, Verna, Fonte Colombo, Greccio, Cantalice, Monteluco tornaram-se locais de vida dos companheiros, agora dispersos e divididos.

Eram eremitérios que, nos períodos de perseguição – como sob o generalato de Boaventura, que analisaremos no próximo capítulo –, transformaram-se em locais de dissidência e resistência franciscana, praticadas, porém, sempre em segredo e no interior da própria cela, "sem criar briga nem questão", como lhes recomendara Francisco.

parte três

A HISTÓRIA NEGADA

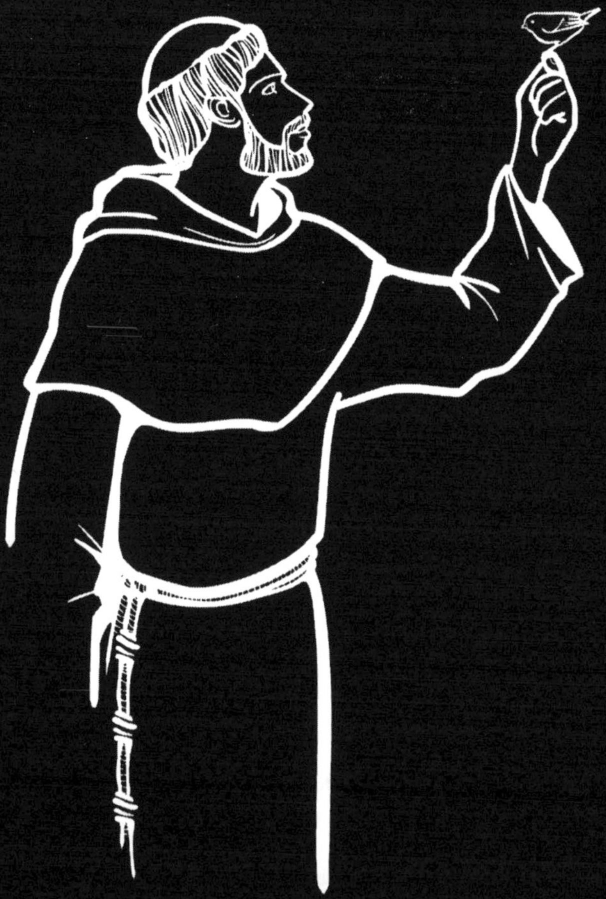

VII

A grande censura

1. Os frades doutores e o estudo

Em meados do século XIII, muitos dos que tomaram o hábito tornaram-se professores na Universidade de Paris.

A capital do reino capeto transformou-se num farol da cultura teológica da Europa cristã. Se Bolonha brilha pelo estudo do direito e Salerno pela medicina, Paris representa o sol do nascente sistema universitário, pois prima pela cultura teológica, considerada o cimo e o fundamento de todas as demais ciências.

Trata-se de um mundo invertido em comparação ao nosso: a ciência tem dificuldade em conquistar um espaço vital, tolhida pelos laços que lhe são impostos pela fé e reduzida ao nível da *téchne*. Na percepção da época, um médico ou um tabelião, comparados a um doutor em teologia, são simples artesãos e sua cultura é considerada modesta e voltada para o exercício de um ofício humilde. Inversamente, os estudantes que lotam as aulas dos mestres parisienses e se enfrentam em disputas para estabelecer os princípios da fé e do conhecimento têm a razoável sensação de representarem a intelectualidade do mundo cristão.

A faculdade de teologia da Universidade de Paris torna-se o maior centro cultural da Europa cristã, num período em que a cultura é, por definição, totalmente religiosa. Não por acaso, os dois maiores filósofos da época, Tomás de Aquino e Boaventura de Bagnoregio, lecionam no *Studium* situado à margem esquerda do Sena.

Tampouco por acaso, ambos pertencem a uma ordem mendicante, respectivamente à Ordem dominicana e à Ordem franciscana, enquanto a uniformidade do mundo religioso alto-medieval — formado apenas por sacerdotes e monges — está-se desfazendo no século XIII. Na cena irrompem os frades, franciscanos e dominicanos, os quais — não estando sujeitos à obrigação de residência no mosteiro, como é o caso dos monges — vivem e transitam nas cidades que então renascem, povoando as grandes universidades, primeiro como estudantes e depois como professores.

Todavia, se a ligação com a cultura e o ensino universitário era tácita e desejável para os dominicanos, não o era para os franciscanos.

Domingos, cuja ordem não à toa foi denominada "dos Pregadores", concentra as atividades suas e dos confrades na catequese das massas citadinas. Quer fazer concorrência aos pregadores improvisados, ressumando heresia, que, sem permissão do bispo ou da Cúria, trovejam nas praças dos burgos baixo-medievais contra a corrupção do clero. Ele percebe que o sucesso desses pregadores não se deve apenas ao conteúdo dos sermões, mas também — ao contrário dos bispos e dos sacerdotes, que cuidam cada vez menos de seus rebanhos — porque encontram suas "almas", falam com elas, alimentam-lhes o espírito, apresentam-se vestidos com roupas humildes, como o público a que se dirigem.

Domingos então tem a ideia de formar um exército de pregadores profissionais que, à imitação dos contestadores da Cúria, apresentem-se às massas, por um lado, com a mesma aparência de pobreza e, por outro lado, com melhor preparo teológico.

Nesse contexto, o ingresso dos dominicanos nas universidades foi, assim, uma consequência lógica do projeto de Domingos de Caleruega. Mas a questão era muito diferente para os franciscanos, que

– como vimos – inicialmente não podiam sequer abordar nas pregações temas teológicos e doutrinários, por serem essencialmente laicos e, portanto, não autorizados à verdadeira pregação. Ademais, a pregação, segundo o entendimento de Francisco, não devia consistir – à diferença do que pensava Domingos – em desmascarar "a falsa ciência" dos contestadores ou em inferiorizar o interlocutor, prevalecendo com seus conhecimentos próprios; o único sentido da pregação devia ser o de comunicar o Evangelho, levar o ouvinte a se entregar à vontade e bondade divina. Isso podia e devia ser feito com a maior simplicidade. Discutir, examinar, interpretar, demonstrar, corrigir, denunciar erros doutrinários era outra coisa, diferente de anunciar o Evangelho, e Francisco enxergava ali o perigo do orgulho, verdadeiro inimigo da humildade e, portanto, da menoridade.

Na época, Francisco abrandara sua posição frente à pregação, aquele gênero de pregação que ia além da simples exortação, concedendo a um dos seus, Antônio de Pádua – que assim lhe solicitara expressamente –, permissão para preparar os frades para essa tarefa, mas recomendando que isso não tirasse tempo à oração e tampouco afetasse de maneira alguma seu espírito de humildade: "A frei Antônio, meu bispo, frei Francisco, saúde! Fico contente que ensines aos frades a sagrada teologia, desde que no tempo que dediques a isso não apagues o espírito de oração e de devoção, como está dito na Regra"[1].

Todavia, pedidos semelhantes de outros, que também queriam fazer da atividade de estudo e pregação o centro da sua vida minorítica, não obtiveram o mesmo sucesso junto a ele, e Francisco, nos últimos anos de vida, não deixou de alertar vivamente contra os perigos da progressão nos estudos e da especialização na atividade de pregação:

Mas, olhando em perspectiva, sabia, por iluminação do Espírito Santo (e ele o disse muitas vezes a seus frades) que muitos frades,

---

1. Lettera ad Antonio [Carta a Antônio], in: *La letteratura francescana*, v. I, 199.

a pretexto de ensinar os outros, abandonariam sua vocação, isto é, a pura e santa simplicidade, a santa oração e nossa dama pobreza. "E lhes acontecerá que acreditarão, por se aprofundarem nas Escrituras, embeber-se de maior devoção e acender-se de amor a Deus, mas permanecerão interiormente frios e quase vazios, porque terão perdido a ocasião de viver segundo sua vocação. E temo que tudo o que pensavam ter lhes será tirado, pois abandonaram sua vocação"[2].

A corrente da Ordem franciscana denominada "conventual", que – como vimos – pressionava por um abrandamento das proibições impostas pela Regra a respeito do estudo e da pregação, encontrou seu maior intérprete, cerca de trinta anos após a morte de Francisco, em Boaventura de Bagnoregio, nomeado geral da Ordem em 1257.

Segundo Boaventura, a rigorosa observância da Regra tinha sentido somente quando a Ordem coincidia com a restrita *fraternitas*, composta por laicos de modesta cultura, mas, na época a que se chegara – quando a Ordem já recebia um ingresso maciço de sacerdotes, lentes universitários, professores, teólogos e pregadores –, já não havia mais um horizonte possível de aplicação.

Não se podia pensar que, em grandes edifícios como os colégios universitários, fosse possível se ater a uma pobreza literal, tal como a entendera Francisco, e mesmo no referente à obrigação do trabalho manual, ele introduziu uma variante significativa, para favorecer o componente intelectual da Ordem. A seu ver, Francisco entendia o trabalho manual como uma maneira de evitar o ócio, e não como um meio de igualar todos os frades, rebaixando-os ao nível dos marginalizados da sociedade. Assim, se era possível equiparar o trabalho intelectual ao trabalho manual, enquanto remédio similar contra o ócio, ele deixava de ser obrigatório para os estudantes, para os sacerdotes e para os pregadores.

---

2. CompAss, 103, 320-323.

Quanto ao que se referia à posse de livros, questão ligada à do estudo, Boaventura a resolvia adotando a doutrina de se limitar ao simples uso deles e assim não se entraria em contradição com a Regra. Aqui, evidentemente, a questão se tornava um pouco turva, pois se tratava de considerar os frades como fruidores e não possuidores dos livros e dos bens que, formalmente, continuavam a ser de propriedade dos doadores, do papa ou, de modo mais geral, da Igreja. Isso, porém, não impedia que ficassem essencialmente à plena disposição dos Menores, com o que se perdia aquele senso de precariedade que era o único – para Francisco – capaz de tornar o menor realmente aberto à vontade de Deus e livre de álibis e apegos variados.

Na *Carta sobre as três questões*, Boaventura piora ainda mais as coisas, levando adiante sua posição sobre a posse e sobre o trabalho manual. Chegou a sustentar que as restrições impostas pela Regra tinham o sentido de proibir o estudo apenas aos iletrados, isto é, àqueles que entraram na Ordem desprovidos de uma cultura básica: cada qual devia manter sua vocação original, isto é, aquela em que se encontravam no momento do chamado. Assim, quem já ingressara instruído na Ordem podia prosseguir até abraçar a carreira universitária.

Assim, a brecha que Boaventura encontrou para abrandar as proibições de Francisco mostrava-se mais perniciosa do que o próprio questionamento delas. Com efeito, estigmatizava uma perigosa distinção entre frades letrados e frades iletrados e, na verdade, criava também uma diferenciação das funções, conforme a cultura de origem e a extração social. Ressurgia, portanto, aquela divisão segundo classe e segundo funções que caracterizava o mundo monástico e à qual a *fraternitas* de Francisco pretendera pôr um claro fim.

O argumento de ser necessária uma mudança devido a alterações na composição social da Ordem seguiu o rumo usual – já tantas vezes tentado, ainda em vida de Francisco – de simular que a Ordem passara por uma rotação antropológica entre frades iletrados e frade doutores. Como se, pelo acaso das circunstâncias, os companheiros de Francisco tivessem sido ignorantes ou de pouca cultura, enquanto os que chegaram depois – recrutados fora da área da Úmbria e das Marcas – seriam instruídos e de classe elevada.

Na verdade, houve essa rotação sugerida por Boaventura, mas não se referia à diferente extração dos novos adeptos nem à diferente área de recrutamento, e sim à enfática mudança de rumos desejada pela ala clerical da Ordem. Bastaria comparar o percurso de estudos do próprio Boaventura ao de Bernardo di Quintavalle, primeiro companheiro de Francisco. Boaventura provinha de uma família burguesa de Civita di Bagnoregio, pequeno burgo da Tuscia, enquanto Bernardo era originário de uma família nobre de Assis. O segundo, portanto, era superior ao primeiro por nascimento e, como vimos, a origem nobre dos companheiros de Francisco foi um fato bastante recorrente.

Bernardo, quando ingressara na *fraternitas*, havia concluído ou estava para concluir seus estudos de jurisprudência em Bolonha, o que significa que, em qualquer dos casos, devia obter necessariamente o título de *magister in artibus*, mestre em artes, que era propedêutico à especialização universitária. Esse título, *magister in artibus*, era o mesmo que Boaventura tinha quando ingressou na Ordem franciscana.

A diferença, portanto, não estava no ingresso – como queria sugerir Boaventura –, mas se determinava após tomar o hábito: enquanto Bernardo renunciara aos estudos, Boaventura quis prosseguir até a titulação máxima.

A rotação, portanto, não foi antropológica nem geográfica, e sim cultural: na época de Boaventura, os frades eram incentivados a prosseguir nos estudos, justamente na esteira do monaquismo tradicional, na medida em que tais estudos favoreciam o avanço na carreira eclesiástica e universitária. A aspiração a se tornar uma instituição capaz de incidir profundamente nas escolhas e direcionamentos da Igreja e da sociedade foi o que determinou essa mudança, uma mudança legítima – como legítimas são as transformações de todas as instituições – e que não teria trazido nenhum dano à figura histórica de Francisco, que é o que aqui nos importa, se não fossem as tentativas de mascará-lo, atenuá-lo, dissimulá-lo, negá-lo.

Se os predecessores de Boaventura haviam permitido – a despeito de suas inclinações e simpatias pessoais – a coexistência dentro da Ordem de muitas almas e muitas maneiras de encarar a figura do fundador, Boaventura, por seu lado, quis impor um pensamento único, reivindicando ao mesmo tempo a perfeita filiação entre a instituição transformada sob suas mãos e a primitiva *fraternitas* assisense.

Essa pretensa continuidade com o passado levou a toda uma série de ajustes na verdade histórica, de pequenas omissões, adaptações e exageros que, como seria de se prever, desembocam numa clamorosa atividade censora, cujo resultado mais funesto foi o de definir uma imagem unívoca de Francisco, a ser adotada como se adota um dogma.

2. Boaventura e Gerardo de Borgo San Donnino

Mas vejamos agora como Boaventura veio a ocupar o ápice da instituição franciscana e por que teve ocasião de impor uma guinada tão decisiva.

Ele nasceu por volta de 1217, como vimos, no pequeno burgo de Civita di Bagnoregio, no atual Alto Lácio. Teve, assim, a sorte de crescer no eixo Viterbo-Orvieto, baluarte do poder pontifical e, portanto, respeitável centro de cultura religiosa.

Depois de receber sua formação inicial na pátria, foi para a Sorbonne a fim de estudar as sete artes: gramática, dialética, retórica, matemática, geometria, astronomia e música. Ao final desse percurso, depois de receber o diploma de *magister in artibus*, mestre em artes, como dissemos, tomou o hábito.

Prosseguiu nos estudos – então apenas iniciados –, especializando-se em teologia e obtendo mais tarde a licença de ensino "in sacra pagina", maior titulação alcançável.

O papa, então, pediu que lhe designassem uma cátedra no *Studium* de Paris, onde Boaventura fora lente, mas os mestres seculares – que detinham o controle da universidade – recusaram.

Cabe esclarecer que esse pedido se deu no momento de maior tensão entre os mestres do ateneu e o Papado, justamente por causa da ingerência papal na contratação de docentes, e talvez seja necessária a esse respeito recuar um passo para entender os motivos.

O papado transferira para as incipientes universidades as mesmas prerrogativas e privilégios concedidos às escolas catedrais. Essas últimas – nascidas, como indica o nome, nas catedrais citadinas –, junto com as escolas monásticas, tinham sido durante toda a Alta Idade Média as únicas escolas do mundo cristão e ficavam fora da jurisdição secular, sujeitas somente ao controle da instituição pontifícia.

Mesmo as universidades, portanto, nasceram submetidas somente à tutela eclesiástica. Essa tutela ficava explícita no final do curso de estudos, quando o estudante, ao obter a licença de ensino, recebia o título durante uma cerimônia pública, presidida por um representante do clero.

Embora a avaliação durante todo o curso de estudos coubesse preventivamente ao colégio dos docentes, essa passagem obrigatória perante a autoridade religiosa condicionava a autonomia de ação do colegiado. Por isso, com o passar do tempo, o vínculo com a Cúria, embora preferível ao vínculo com a autoridade régia, considerada demasiado próxima e coercitiva, começou a ser visto como igualmente limitante e sufocante.

Assim, os docentes começaram a afrouxar seus vínculos com a Cúria, a se apoiar nos bispos locais, que também lutavam contra o centralismo romano. Cabe esclarecer, ademais, que a imposição de docentes provenientes das fileiras das ordens mendicantes era uma das maneiras empregadas pelos pontífices para combater a recente aliança entre corporações universitárias e poderes episcopais. Os docentes mendicantes, com efeito, eram fiéis servidores do sucessor de Pedro e de seus potenciais espiões. Os bispos, além disso, eram tradicionalmente hostis às ordens mendicantes, na medida em que mal toleravam outra incômoda imposição papal: o aquartelamento dos mendicantes na pastoral dos fiéis.

Desse modo, quando houve a solicitação de uma cátedra para Boaventura, os professores universitários já estavam em pé de guerra, mas uma queda de braço em nome dos direitos autonomistas e corporativos seria inútil, se não prejudicial, por que consolidaria o lado contrário da aliança, constituído pelo papado e pela monarquia dos Capetos.

Tentaram então a via da deslegitimação do adversário, na esperança de conseguir uma intervenção da burocracia papal, para não entrar em contradição com seus próprios princípios. No século XIII, aliás, tornara-se prática usual lançar anátemas contra qualquer um que se rebelasse contra o poder pontifício, a pretexto de se estar zelando pelos princípios da fé e da doutrina cristã: o imperador Frederico II, os albigenses, mas também sacerdotes ultraortodoxos haviam pagado por sua insubordinação ou pela mera autonomia de pensamento, terminando como vítimas de processos infamantes.

Cumpre especificar que, dentre as ordens mendicantes, os franciscanos eram particularmente detestados pelos mestres seculares. Contra a Regra ditada por Francisco, amiúde eram vistos aceitando prebendas, altos cargos e – tal como os outros – ricas heranças testamentárias que açambarcavam também devido à influência que exerciam durante a confissão. Mas os docentes sabiam que acusá-los de falsidade ao pontífice não teria nenhum êxito, na medida em que essas insinuações genéricas seriam vistas como reflexo da atávica rivalidade entre grupos concorrentes de poder. Mas, como mencionamos, uma maneira capaz de ser eficaz era levantar um problema de caráter doutrinário, sugerindo uma acusação de potencial heresia. Também à luz da estratégia a ser adotada, os franciscanos se mostraram alvo mais fácil do que os dominicanos, cujas especulações, caracterizadas por um racionalismo de cunho aristotélico, mantinham-nos, mais do que aos outros, na trilha de uma rígida ortodoxia, sem contar que mantinham um diálogo sereno com sua própria história e com a figura do fundador. Os franciscanos, pelo contrário, tinham desde sempre uma relação emocional e demasiado envolvente com a figura de Francisco, e não era segredo para ninguém que a Ordem já estava dilacerada por divisões internas quanto à maneira de interpretar sua herança espiritual.

E, por fim, a situação se complicara ainda mais, quando uma parte da ala rigorista da Ordem fora conquistada pelas ideias espiritualistas do monge calabrês Joaquim de Fiore.

Se, para os companheiros de Francisco, a ideia de rigor se esgotava na simples fidelidade à sua forma de vida, para muitos ingressados na Ordem após sua morte e longe de Assis, ela se transformara num princípio cada vez mais abstrato e sectário. Além disso, para os primeiros, os frades de Assis, estava claro que o princípio da pobreza jamais devia se separar dos princípios da marginalidade e da humildade, ao passo que os segundos começaram a se concentrar exclusivamente na pobreza, esquecendo a hendíade – indissociável para Francisco – de "pobreza e menoridade". E a pobreza separada da menoridade, como era previsível, levou-os a se manifestarem em favor de teorizações cada vez mais formais e, na verdade, tão estranhas à Regra quanto as teorizações de seus opositores conventuais.

Começaram também a se assemelhar, devido a certos tons apocalípticos, àqueles grupos heréticos que haviam atacado a riqueza da Igreja de várias maneiras, condenando inapelavelmente a corrupção do clero. Francisco alertara várias vezes, e também no *Testamento*, que não tomassem posições contestadoras ou rebeldes em relação aos eclesiásticos, ressaltando que, sem a menoridade, mesmo a defesa da pobreza degeneraria em soberba e humilhação do próximo. A referência à pureza que muitos pregadores brandiam contra os "impuros" constituía a antecâmara do juízo final e da condenação, que se traduzia numa disponibilidade à perseguição, o que, para Francisco, era um mal muito pior do que a corrupção; a esse respeito, especificara aos seus que um bom geral da Ordem escolheria humilhar a si mesmo, renunciando a seu direito de aplicar corretivos, a arruinar uma alma por excesso de rigor:

> [O geral da Ordem] console com ternura os aflitos, seja o último refúgio para os atribulados, para que, vindo a lhe faltarem os medicamentos para a cura, não prevaleça a doença do desespero nos doentes. Para dobrar os arrogantes à docilidade, ele que humilhe a si mesmo e renuncie a algo que é direito seu, para salvar uma alma[3].

Os rigoristas, porém, começaram a dividir impiedosamente a própria Ordem e a sociedade inteira entre puros e impuros, e essa ideia acabou por encontrar base ideológica – que não tinham conseguido encontrar nos escritos de Francisco – nas teses milenaristas de Joaquim de Fiore, falecido em 1202, antes, portanto, do nascimento da fraternidade.

Joaquim imaginara a história cristã dividida em três partes: a época do Pai, a do Filho e a do Espírito Santo. As duas primeiras, segundo ele, já haviam terminado, visto que coincidiam com a época do Antigo Testamento e a do Novo Testamento, respectivamente época do Pai e época do Filho; a terceira, a época do Espírito Santo, estava para chegar e se encerraria com o Juízo Final, prenunciado por muitas tribulações e pela vinda do Anticristo. Para guiar a humanidade nessa terceira fase da história cristã, surgiria uma nova ordem de monges, identificáveis por sua pureza. Os espirituais acreditavam se reconhecer nos novos monges preparadores da época do Espírito Santo.

Ora, se essa convicção se tivesse limitado a "voar" – como voam as palavras ao contrário dos escritos – pelos refeitórios dos mosteiros

---

3. Ibid., 43, 95-97.

franciscanos ou nos corredores dos *studia* universitários, não teria fornecido – como de fato forneceu – aos docentes seculares a ocasião que tanto esperavam para lançar seu ataque contra as ordens mendicantes.

A ação irresponsável – que na História sempre enverga os trajes do fanatismo ideológico – foi realizada pelo franciscano Gerardo de Borgo San Donnino, lente do *Studium* parisiense.

Em 1254, Gerardo publicou uma introdução à obra de Joaquim de Fiore, em que explicava sua teoria espiritualista dos franciscanos como preparadores dos últimos tempos. Não se limitava a apresentar os franciscanos como os novos monges do Apocalipse, mas fazia um arriscado paralelismo entre a figura de Cristo, protagonista da era do Filho, e a de Francisco, protagonista da era do Espírito. Havia material de sobra para alarmar uma comissão encarregada de controlar a ortodoxia da fé: o bispo de Paris, de acordo com as corporações universitárias, apressou-se em remeter o texto de Gerardo ao papa, incluindo uma lista dos 31 erros doutrinários ali presentes, segundo o parecer dos mestres seculares.

O papa Alexandre IV se viu obrigado a formar uma comissão em caráter de urgência com a tarefa de examinar as teses de Gerardo, enfim denunciadas afinal como heterodoxas. Ele entendeu claramente o objetivo do ataque e procurou se desvincular como pôde da rede montada pelos docentes parisienses.

Após a condenação do texto, pôs nas mãos do geral da Ordem a decisão quanto às medidas a serem adotadas contra o autor, mostrando que ainda tinha plena confiança na instituição franciscana e atribuía às teses de Gerardo o peso de uma maçã podre no cesto das maçãs sadias. Ademais, para conter a emboscada dos docentes, ordenou a destruição de um libelo deles, escrito traiçoeiramente para divulgar a ação de Gerardo; ainda assim, viu-se obrigado a revogar alguns privilégios concedidos aos franciscanos.

As piores repercussões da iniciativa de Gerardo ocorreram, porém, dentro da Ordem. O grave alarme causado por seu texto e as subsequentes medidas restritivas contra os franciscanos deram início a uma verdadeira depuração interna, tendo a ortodoxia de todos os frades de passar pelo estreitíssimo crivo da autoridade franciscana.

Em plena crise e, aliás, como decorrência direta dela, Boaventura de Bagnoregio foi eleito geral da Ordem.

No capítulo de 2 de fevereiro de 1257, seu predecessor, Giovanni de Parma, apresentou sua demissão, indicando – provavelmente por pressão do pontífice – Boaventura como sucessor. Este último devia parecer à Cúria como o homem intransigente mais apto a guiar a instituição franciscana para o restabelecimento da paz. Ele não desiludiu as expectativas do pontífice, e desde o início mostrou-se muito mais brando com os seus colegas da Universidade parisiense do que com seus próprios confrades.

Em 1258, chamou de volta da Sicília um quase renegado e inócuo Gerardo de Borgo San Donnino e instaurou contra ele um processo por heresia, por meio de uma comissão presidida por ele próprio. Gerardo foi solicitado a fazer uma retratação pública de suas posições e, diante da recusa, Boaventura determinou sua prisão perpétua, acompanhada pela excomunhão papal. Gerardo passou os últimos dezoito anos de vida no cárcere e, ao morrer em 1276, foi-lhe negada a sepultura em solo consagrado.

Nos meses seguintes, Boaventura, a pretexto da habitual visitação do geral aos mosteiros, procedeu a uma minuciosa investigação, para verificar o grau de difusão e aceitação das ideias espirituais.

A visitação reforçou sua convicção de que o mundo franciscano se apresentava como um espaço fluido demais, extremamente heterogêneo e multifacetado, onde cada mosteiro constituía por si só uma ilha, com diferenças sensíveis na maneira de interpretar a herança moral do Fundador. O mesmo valia para a imagem de Francisco, que se mostrava diferente a cada mosteiro, bem como a visão da instituição franciscana e sua missão. Isso dependia também da liberdade com que cada frade copiava em seus cadernos pessoais as anotações, frases, lembranças e passagens que considerava significativas e confiáveis sobre a vida de Francisco; assim, materiais diversos e não oficiais circulavam livremente nos baixios da memória franciscana. Em muitos desses cadernos pessoais encontrava-se uma imagem de Francisco montada basicamente a partir de escritos provenientes da Porciúncula, que a Boaventura deviam parecer perigosos. Deve ter julgado igualmente perniciosa a liberdade com que os frades estabeleciam uma espécie de hierarquia moral entre os capítulos da Regra. Frades que não haviam obtido nenhuma licença de ensino, de avanço nos estudos, dedicavam-se a escrever em privado: anotando, comentando, interpretando, elaborando reflexões pessoais sobre a história franciscana e sobre o sentido a se atribuir à própria missão dos frades. Também julgou deletério que todos os frades tivessem conhecimento da existência de diversas correntes e dos dissídios internos da Ordem.

O que, visto externamente, poderia se afigurar como vivacidade cultural e espiritual de uma ordem ainda viva era tido por Boaventura, porém, como pura anarquia doutrinária e flagrante desordem moral. Considerou que o responsável por tal situação era seu predecessor, Giovanni de Parma, a quem decidiu então submeter a um processo tão clamoroso quanto clamorosa era sua fama de santidade e pureza. Chamado a depor perante uma nova comissão instituída por Boaventura, Giovanni respondeu com serenidade e equilíbrio, reafirmando crer e querer crer nas ideias da Igreja e dos santos. Apesar disso, Boaventura ordenou que se retirasse em caráter definitivo a um mosteiro isolado de sua escolha, com proibição de se manifestar em público.

Giovanni escolheu Greccio, um dos locais-símbolo – como o leitor sabe – do franciscanismo das origens, onde ainda residiam alguns dos primeiros companheiros de Francisco.

3. O Francisco de Boaventura

Assim, se na época em que Giovanni de Parma era o geral da Ordem cada qual podia desenvolver sua interpretação pessoal do franciscanismo, até chegar às aberrações exegético-apocalípticas de Gerardo de Borgo San Donnino, Boaventura não pretendia conceder a mesma liberdade a seus frades. Sob sua direção, também findariam as discussões e polêmicas sobre o valor a ser atribuído ao *Testamento*, à Regra e à história franciscana.

O ano de 1260, o mesmo que Gerardo de Borgo San Donnino anunciara como data em que se iniciariam as grandes tribulações dos últimos tempos, efetivamente coincidiu com um acontecimento nefasto ou, ao menos, assim tido por seus seguidores: o encargo confiado a Boaventura de redigir uma nova biografia de Francisco.

Tomás de Celano, o antigo biógrafo, morrera alguns anos antes, e com isso deixara de existir aquela tácita obrigação, respeitada na prática, de se recorrer a ele para qualquer nova revisão ou reformulação da biografia oficial de Francisco. Com a morte de Tomás perdia-se aquele estilo moderado que visava a manter a união das duas almas da instituição franciscana, estilo ao qual Boaventura não quis se conformar, impondo, pelo contrário, uma imagem do fundador que espelhasse plenamente sua concepção da Ordem e da marca que lhe pretendia imprimir.

Se o Francisco de Tomás, como vimos, é pesadamente sobrecarregado por uma excessiva retórica, tornando seus gestos e palavras altissonantes, o de Boaventura não tem sangue, não tem carne, não tem pensamentos e reações suas. Não é uma figura histórica, mas uma forma abstrata que o espírito divino preenche por si. O Francisco de Boaventura toma suas decisões apenas depois de ter visões e sonhos proféticos: é Deus quem lhe comunica a cada vez sua vontade, uma vontade que Francisco aceita serenamente, sem nunca mostrar perplexidade ou crise interior sobre a maneira de entendê-la ou aplicá-la. O Francisco de Boaventura é um homem que não sente dúvidas, não reconsidera, não passa por desalentos: é um mero executor da vontade divina; não no sentido de um homem que se põe a ouvir Deus – atitude evidente num homem de fé –, mas de um homem cuja vocação, divinamente inspirada, jamais vai de encontro aos limites do existente.

Se, por outro lado, o Francisco de Boaventura nunca aparece atormentado, nunca tem conflitos, é somente porque na biografia de Boaventura não há conflito: a moldura em que está inserida sua história humana é, na verdade, meta-histórica e atemporal.

O Francisco de Boaventura é um místico, um asceta que nega os impulsos do corpo: mergulha na água gelada para combater "o inimigo da carne"; em vez de se abrigar em casebres revestidos de palha, dorme na pedra nua; expõe-se voluntariamente ao frio; não precisa combater constantemente uma instintiva repugnância – testemunhada pelos companheiros – diante das chagas purulentas dos leprosos, mas beija-as devotamente a cada vez que as limpa; usa o cilício sob as vestes, flagela-se e pune a si mesmo; come apenas pão seco, embora o próprio Francisco tivesse dito aos seus que evitassem os excessos de rigor, advertindo que "Deus quer a misericórdia, não o sacrifício"[4].

O apelo à pobreza do Francisco boaventuriano é uma austera negação das necessidades materiais, enquanto para Francisco tinha apenas o sentido de torná-las inermes, humildes, últimas; tinha o sentido de combater a posse, motor de discórdias e impulso de prepotência.

O santo extático de Boaventura nos aparece, além do mais, sem personalidade definida, sem vigor, como se não tivesse força própria, como se não tentasse impor uma visão do mundo, como se não tivesse obstinação para resistir no caminho. É um simples espectador dos eventos que lhe passam pela frente, sem que se interponha a eles a não ser com lágrimas e resignação.

---

4. Ibid., 50, 113.

Mas a intenção de Boaventura não é tanto a de retirar a humanidade a seu santo; ao reescrever sua biografia, ele pretende ditar as novas linhas gerais da Ordem.

A primeira grande intervenção é a de redimensionar a relação de Francisco com as irmãs. Assim, o Francisco de Boaventura aparece, em primeiro lugar, deformado por um preconceito misógino, e a solicitude em relação a Clara é negada, a ponto de chegar ao paradoxo de um Francisco que ignora o semblante de qualquer mulher:

> Certamente ele desviava os olhos para que não vissem a vaidade, tanto que pôde dizer certa vez a um companheiro seu que não conhecia o rosto de nenhuma mulher. Não considerava seguro, de fato, introjetar a imagem de suas formas, que têm o poder de fazer renascer a centelha da carne adormecida ou, em todo caso, de conspurcar a candidez de uma mente pura[5].

Contudo, poucos anos antes, as testemunhas no processo de canonização de Clara haviam declarado que Francisco estivera várias vezes em conversas secretas com ela e – olhos nos olhos – incentivara-a a vencer as hesitações e a segui-lo. Ainda Francisco recomendara aos frades – depois da dolorosa imposição papal da clausura – que continuassem a cuidar material e espiritualmente das irmãs, considerando-as parte integrante da Ordem. Permaneceram fiéis a essa atitude, como vimos, a ponto de se reunirem à volta do leito de morte de Clara. Outra confirmação de que os companheiros consideravam as irmãs em absoluto pé de igualdade e como parte integrante da família franciscana é o fato – como veremos a seguir – de terem confiado a elas seus escritos clandestinos, aqueles atingidos pela censura de Boaventura.

A insistência num Francisco misógino servia para legitimar uma reforma que se pretendia levar adiante precisamente naqueles anos: subtrair aos frades os cuidados espirituais das irmãs, confiando-os à

---

5. BOAVENTURA, *Leggenda Maggiore*, 817.

tutela de um cardeal protetor. Com isso, livrar-se-iam do velho problema de administrar a subsistência material das irmãs pobres, com as inúmeras polêmicas que isso acarretava. De fato, como vimos, o próprio papa autorizara que as irmãs de San Damiano recebessem alimento através da mendicância dos frades.

Cabe reconhecer, ademais, que a clausura – mal digerida em Assis pelos dois ramos da Ordem, o masculino e o feminino – amiúde era desrespeitada e permitia-se às irmãs de San Damiano, sobretudo sob a direção de frei Elias como geral, irem frequentemente visitar os leprosos e receber conterrâneas e conterrâneos dentro dos muros do convento.

A direção dos mosteiros femininos e os contatos entre frades e freiras sempre haviam gerado problemas – apenas parcialmente resolvidos – que Boaventura não pretendia continuar assumindo.

Para Boaventura, doravante a Ordem deveria corresponder apenas ao ramo masculino e, para ele, a amputação do ramo feminino não representava uma perda ou tampouco uma traição. Sob seu comando, a complementaridade entre frades e freiras foi negada e atacada de todos os modos, chegando-se a atribuir a Francisco frases, tão falsas quanto eloquentes, sobre a concepção que caracterizava a nova guarda da Ordem: "O Senhor nos tirou as esposas, mas o demônio nos oprime com as irmãs"[6].

Eliminando a riqueza e variedade das relações humanas de Francisco, a começar por sua relação com as mulheres, Boaventura, nas páginas da biografia, acabou por conferir uma dimensão preponderante e desproporcional à sua relação com os animais, como se ela não fosse a mesma face de uma mesma abordagem do mundo. Por conseguinte, o Francisco de Boaventura vive em profunda comunhão com lobos, cordeiros, cigarras e faisões, mas foge das mulheres, inclusive de Clara e das irmãs. Com efeito, em sua *Lenda*, quanto mais

---

6. Dalla Compilazione Antoniana [Da Compilação Antoniana], in: *La letteratura francescana*, II, 486-487.

extensas e detalhadas são as passagens que falam de Francisco com os animais, tanto mais reduzidas são as que tratam de sua relação com as irmãs e com os companheiros. Com efeito, mesmo para esses últimos, ele se tornou um mestre frio e distante, deixando de ser um deles.

Ao Francisco de Boaventura, portanto, não resta nada da humanidade que os companheiros haviam descrito na *Compilação de Assis*: seu altruísmo não o alegra nem o desespera diante de pequenos problemas, aparentemente secundários, mas para ele prementíssimos, como as dificuldades econômicas da pobre de Machilone, a esmola para a mãe na miséria em Porciúncula, a insônia do frade esfomeado de Rivotorto, a escassez de grãos para as cotovias no inverno, a discórdia entre o bispo e o prefeito de Assis, a solicitude em relação às irmãs.

Os escritos dos companheiros – como vimos – nos mostraram um Francisco que passa sua vida de frade preocupando-se e resolvendo, um por um, os problemas que lhe aparecem pela frente, sem estabelecer uma hierarquia entre eles, um Francisco que de forma alguma se mantém em êxtase e serenidade perante o que não pode resolver.

Se o santo descrito por Boaventura é esmagado por genéricos pecados do homem, o dos companheiros se zanga muito claramente com os frades que não seguem a Regra, os frades que põem a si mesmos antes do próximo, os falsos frades que semeiam discórdias, os frades que ardem de orgulho, os frades inflados de vaidade, os frades que o atacam traiçoeiramente, querendo lhe roubar a "família".

O Francisco de Boaventura, aliás, não tem nada a que possa reagir, pois de sua biografia desapareceram contrastes e confrontos, que nunca são citados; desapareceu a imensa faina em escrever uma Regra que conseguisse encarnar um propósito de vida possível, mas fiel à pobreza e à marginalidade; o empenho em manter a pobreza e a precariedade dos mosteiros; a obstinação em recusar doações, gratificações e privilégios. E, apesar de tudo isso, nem são esses aspectos aqui enumerados os piores estereótipos criados por Boaventura na *Lenda Maior*: entre os clichês promovidos por Boaventura, o mais danoso e mais persistente não é o Francisco misógino, não é o amigo dos animais, não é o santo hierático, o anacoreta pesaroso, o asceta autoflagelante – é o do Francisco simples e ignorante.

4. Francisco, o simples

Francisco dizia de si ser "simplex et idiota"[7], simples e sem cultura. Isso se encaixa com sua reivindicada atitude de menoridade. Essas palavras – que para Francisco constituíam um manifesto, um programa do que queria ser e de como queria que fossem os seus – foram utilizadas por Boaventura para delinear outro tipo de simplicidade. Uma simplicidade que não parte de uma vontade – incomum – de manter com firmeza, até a morte, para si e para os seus, uma vida humílima, mas uma simplicidade que começou a ser entendida e transmitida cada vez mais como elementaridade, ingenuidade, falta de agudeza, de cultura, de visão das coisas.

A simplicidade a que se refere Boaventura em inúmeras passagens da obra é "inferioridade" e não – como foi em Francisco – "menoridade", isto é, busca da submissão a todo homem, a todo ser vivo, a todo animal, a toda planta, em respeito à criação.

A simplicidade que sugere Boaventura é a de um frade quase analfabeto, ignorante de teologia, incapaz de compreender a fundo – a não ser por inspiração divina – o texto das Escrituras.

Essa *vulgata* foi a tal ponto aceita que levou alguns filólogos a escolherem como paradoxal critério de edição dos escritos atribuídos a Francisco as variantes linguística e estilisticamente mais fracas, isto é, as erradas do ponto de vista ortográfico e gramatical, atribuindo as "sadias" – que alguns manuscritos também trazem – a supostas correções dos copistas, os quais, como se sabe, no máximo acrescentam erros aos textos, ao invés de corrigi-los.

---

7. Testamento di Francesco [Testamento de Francisco], in: *La letteratura francescana*, II, 486-487.

Boaventura usa sua ciência, sua cultura, exatamente daquela maneira que Francisco explicara ser a mais perigosa: para estabelecer hierarquias. Isso também porque Boaventura está persuadido – como seus contemporâneos, aliás – que a cultura corresponde exclusivamente ao saber teológico-filosófico capaz de chegar a verdades irrefutáveis. O conhecimento se define, nessa fase, essencialmente como conhecimento do Texto Sagrado, de onde se originam – devem se originar – todos os demais conhecimentos. O componente racional do conhecimento deve, portanto, exercer-se essencialmente no estudo e na interpretação das Escrituras. Sentado na cátedra do *studium* parisiense, Boaventura ensina fundamentalmente a interpretá-las através do método da *lectio divina*, a exegese do texto segundo seus quatro sentidos: literal-histórico, moral, alegórico e escatológico. A Bíblia para Boaventura, como para seus colegas, é capaz de produzir a partir do significado literal outros significados que, todavia, só podem aflorar por meio de um estudo e esforço interpretativo. Se, por exemplo, analisamos a narrativa do Êxodo segundo seu sentido literal, ele se apresenta como simples crônica da fuga do povo de Israel, escapando à escravidão no Egito. Mas, se aprofundamos sua análise, se buscamos seu significado, o Êxodo assinala a saída do homem da condição de miséria à qual foi levado pelo pecado. Sua alegoria, porém, é mais ampla e remete também à libertação do homem do pecado original por meio da Redenção. O exegeta, por fim, não deve esquecer seu significado escatológico, sua indicação sobre os últimos tempos, que, no caso do Êxodo, aponta a passagem da alma, que tiver agido bem, da servidão do pecado para a liberdade do espírito.

Para Boaventura, sem esse tipo de relação com o Texto Sagrado não existe cultura e, aliás, ele prefere que os laicos – que não se formaram para o sacerdócio e, portanto, dificilmente receberam um preparo nesse sentido – não entrem na Ordem e, de fato, em 1260, com as constituições de Narbonne, proíbe-lhes definitivamente o ingresso. Quer com isso impedir que frades sem o devido preparo teológico manejem as Escrituras. Talvez Boaventura nem sequer leve em conta que esse critério exegético – para ele, o único instrumento especulativo válido – era considerado enganador por Francisco, devido a seu uso cada vez mais formal e às incessantes disputas que surgiam em torno das variantes interpretativas dessa ou daquela passagem das Escrituras. Diversas vezes Francisco prescrevera a seus frades que entendessem o Evangelho e a Regra "litteraliter et sine glossa", literalmente e sem glosa: era uma prescrição programática, mais do que uma admissão de imperícia.

A busca de Francisco, portanto, dava-se em sentido oposto à de Boaventura: queria concentrar-se na ação que decorria da aplicação literal do Evangelho e não de uma interpretação sua. A interpretação podia ser útil nos debates que se travavam no templo parisiense da ciência, mas se demonstrava ineficaz se posta a serviço de um programa de socorro dos mais fracos.

O projeto de Francisco e dos companheiros não era o de elevar as capacidades especulativas dos frades, de lhes permitir entrar no círculo estreito daqueles eleitos que compreendiam o significado oculto das Escrituras, mas sim explicitar seu ensinamento imediato, baixando-o ao nível dos ouvintes.

O empenho de Francisco era que todos os que o ouviam nas praças ou nas ruas compreendessem que as Escrituras não equivaliam de forma alguma à cultura sapiencial, apanágio de poucos sacerdotes do Templo, mas se dirigiam a todos e continham ensinamentos concretos e salvíficos. O tipo de cultura que Francisco procurava e defendia era muito diferente do almejado por Boaventura, e o esforço de Francisco em traduzir as Escrituras de forma cênica, teatral, gestual e poética talvez somente hoje nos pareça cultural. Francisco quer comunicar as Escrituras, ensinando sua mensagem de esperança e felicidade. Por todos os meios possíveis, os frades devem chamar homens e mulheres, indo procurá-los por toda parte, para "obrigá-los a entrar", exatamente como deve fazer o servo da parábola do Evangelho de Lucas:

Um homem ofereceu uma grande ceia e fez muitos convites. À hora da ceia, mandou seu servo dizer aos convidados: vinde, está pronta. Mas todos, unanimemente, começaram a se desculpar. O primeiro disse: comprei um campo e preciso ir vê-lo; por favor, considera-me justificado. Outro disse: comprei cinco parelhas de bois e vou conferi-las; por favor, considera-me justificado. Outro disse: casei-me e por isso não posso ir. Ao voltar, o servo contou tudo isso ao senhor. Então o senhor da casa, irritado, disse ao servo: vai já pelas praças e pelas ruas da cidade e traze aqui pobres, aleijados, cegos e mancos. O servo disse: Senhor, fiz como ordenaste, mas ainda há lugar. O senhor então disse ao servo: vai pelas estradas e ao longo das valas, obriga-os a entrar, para que minha casa se encha[8].

Com o corpo, com os gestos, com os olhos, com a nudez – se necessário –, os frades devem despertar as almas, arrancá-las das trevas, da miséria material e moral a que são, com demasiada frequência, condenadas a viver por uma sociedade que as ignora e por uma Igreja que não se encarrega de sua instrução cultural e espiritual.

O banquete celeste não é um festim para poucos eleitos, e sim uma mesa oferecida a todos. E, para cativar a atenção dos interlocutores, os frades devem se transformar em saltimbancos, malabaristas, menestréis. A operação que importa a Francisco requer uma abordagem desenvolta daquela cultura doutrinária que, para Boaventura, resume-se apenas ao conhecimento teológico. O modo jocoso, teatral, físico com que Francisco se apresenta a seu auditório, a seus frades e freiras, aparece como o reflexo não de uma simplicidade sua, mas de uma grande complexidade, de um profundo entendimento da mensagem mais premente do Evangelho. Todavia, Boaventura nem sequer alude ou talvez nem capte ou talvez oculte deliberadamente esse componente fundamental da personalidade de Francisco, pois está engajado

---

8. Lucas 14,16-23.

demais no esforço contrário de afastar a Ciência de Deus dos homens não preparados para recebê-la.

O paternalismo com que, depois, tenta revestir de pureza, de ingenuidade, de bondade a "ignorância" de Francisco piora as coisas para nós, pois, quanto mais tenta justificá-la, mais a afirma: "A simplicidade pobrezinha do Pai santo havia parido"[9], "Vindo ao conhecimento de muitos a simplicidade de sua doutrina"[10], "E seus discursos não eram vazios ou dignos de riso"[11], "Lia, de tempos em tempos, algum trecho dos livros sagrados"[12], "onde a ciência dos doutos se detém, ele penetra"[13], "apesar de não ter perícia nas sagradas escrituras por doutrina"[14], "embora não fosse perito na arte da palavra"[15]. São fórmulas tendenciosas, justificativas não solicitadas que, no entanto, têm o efeito de introjetar no leitor a ideia de que Francisco era um espírito simples, um intelecto rústico, em que aprouve ao Altíssimo apenas soprar.

5. A poesia do Cântico

Os companheiros tomam o *Cântico* do irmão Sol como centro de seu relato. Referem-se constantemente a ele: quando e como foi composto, como Francisco recomendava aos seus que o recitassem antes e depois das pregações, que o cantassem ao som de uma cítara, como – doente e à beira da morte – pediu que o recitassem para ele, como os exortava a salmodiá-lo de manhã, ao se levantarem, para todos os dias renderem graças a Deus pela beleza da criação.

---

9. BOAVENTURA, *Leggenda Maggiore,* III, 7, 799.
10. Ibid., III, 3, 796.
11. Ibid., III, 2, 795.
12. Ibid., XI, 1, 869.
13. Ibid.
14. Ibid.
15. Ibid., XI, 2, 870.

E não só: copiam estrofes inteiras em suas memórias, como se fosse a coisa mais premente a transmitir sobre Francisco.

Boaventura, pelo contrário, é o único biógrafo de Francisco que elimina qualquer vestígio do *Cântico*. E é também o único que não diz uma palavra sequer sobre a peculiar propensão de Francisco para a poesia e a literatura. De sua *Lenda* também desaparecem as várias referências dos companheiros ao hábito de Francisco de declamar em francês passagens do ciclo arturiano; isto é, desaparece a cultura cortês de Francisco e o conhecimento profundo daquele mundo, várias vezes usado como metáfora de seu programa de vida: desde o matrimônio com a Dama Pobreza à descrição de sua confraria como grupo dos cavaleiros da Távola Redonda.

Provavelmente isso deriva da nula importância que Boaventura atribui à poesia, igualmente subestimada pelos teólogos da sua época; ela sofre também o preconceito de ser uma arte profana, fútil, de imaginação, uma arte que afasta da ciência de Deus por estar envolvida demais com as paixões do homem.

Hoje, para nós, a literatura se contrapõe quando muito à ciência, e não à religião, que é colocada no campo das ciências humanas, na medida em que trata da relação entre Deus e o homem. Mas cumpre voltarmos a uma mentalidade para a qual a ciência não existe, na acepção em que hoje a entendemos, e as respostas sobre a existência do mundo – e sobre os princípios físico-mecânicos que o regem – ainda devem ser procuradas no Livro de Deus, estudado também como fundamento da física natural, da fisiologia e da cosmologia.

É evidente, então, que os doutores teólogos da Europa medieval estavam razoavelmente convencidos de que encarnavam o pensamento racional e rigoroso contra o irracional e efêmero da poesia e da literatura, consideradas como arte do prazer, da imaginação, da crença mitológica.

Ainda está por se dar a verdadeira revolução efetuada pela *Divina Comédia*, que fará da poesia um dos melhores instrumentos para pensar sobre Deus. Assim, é claro que o amplo preconceito em relação à poesia, sobretudo na esfera universitária e clerical, não permitiu avaliar a real envergadura e originalidade das composições poéticas de Francisco. Essa envergadura não escapa totalmente a nós, contemporâneos – que, ademais, podemos ler o que veio a seguir –, tanto é que nossos manuais escolares apresentam o *Cântico* como o primeiro texto da literatura italiana.

Na época de Boaventura, porém, essa passagem não era visível nem desejável, ainda mais que, enquanto escrevia a biografia de Francisco, Dante não havia nascido e os problemas de fundação do vernáculo literário pertenciam ao futuro. Assim, se Boaventura vê Francisco como um espírito simples, é também porque não tem condições de avaliar o Francisco poeta.

Boaventura, além disso, devia ver o *Cântico do irmão sol* mais como fala a ser ocultada do que como glória a ser divulgada; o poema emprega o vernáculo, algo excepcional na forma escrita da época. O uso do vernáculo no *Cântico*, portanto, confirmava em Boaventura a suspeita de um Francisco inculto, obrigado a expressar seus louvores à criação na única forma de expressão que lhe era acessível: a língua vulgar. Como se sabe, o recurso à língua vulgar ainda era visto como admissão de imperícia na escrita latina, acusação que foi feita ao próprio Dante, o qual teve de reivindicar – e não por acaso em latim, em seu *De vulgari eloquentia* – seu direito de escrever em vernáculo.

Embora usualmente Francisco escrevesse em latim, o fato de recorrer ao vernáculo, nem que uma única vez, era considerado marca infamante, como, cem anos depois, ainda julgava Petrarca:

> Abandonei a poesia vulgar à qual me dedicara quando jovem, pois temi que com meus escritos também ocorresse o que via ocorrer com os dos outros, especialmente daquele de quem falo [Dante] [...]. E os fatos demonstraram que meus temores não foram vãos, pois essas mesmas poucas poesias vulgares, que juvenilmente escrevi naquela época, são continuamente maltratadas pelo vulgo,

tanto que sinto desdém e odeio o que um dia amei; e toda vez que, contra a vontade e irado comigo mesmo, ando pelas ruas, em toda parte encontro multidões de ignorantes, encontro meu Dameta, que nos becos costuma em estridente gaita de fole espalhar ao vento míseras cantigas [...] pois muitos me acusam de inveja [...]. Mas, dizei-me, como posso invejar um [Dante] que dedicou toda a vida à escrita em língua vulgar, à qual me dediquei somente na primeira flor de minha juventude? E enquanto ele considerava aquela [a escrita em língua vulgar], se não como a única arte, como a arte suprema, eu a considerava um mero jogo, uma diversão, um exercício rudimentar do engenho. [...] A não ser que se creia que eu possa-lhe invejar os aplausos e os gritos roucos dos tintureiros, dos taberneiros, dos levantadores de pesos. Louvores de que me orgulho ser privado, junto com Virgílio e Homero, pois sei o quanto vale entre os doutos o louvor dos ignorantes[16].

Hoje sorrimos às acusações de ignorância e incompetência feitas a Dante, e seu esforço de fundar o vernáculo literário é visto unanimemente como um feito heroico, bem como se considera excepcional sua deliberação em levar a filosofia e a teologia para além dos templos da ciência – dos quais não tinham nenhuma possibilidade de sair – para oferecê-las a todos por meio do vernáculo. Dante, com efeito, é comparável àquele que, mesmo não sendo convidado para o banquete celeste da mesa dos doutos, tem o privilégio de se sentar aos pés deles, onde pode recolher as migalhas caídas no chão, migalhas estas que, "com misericórdia", pretende distribuir aos que, mais miseráveis do que ele, sentam-se ainda mais atrás:

E eu então [...] aos pés daqueles que se sentam [à mesa dos doutos] recolho o que deixam cair e conheço a mísera vida daqueles

---

16. PETRARCA, *Familiares*, XXI, 15.

que deixei mais atrás; pela doçura que sinto naquilo que aos poucos recolho, misericordiosamente movido, não me esquecendo, para os miseráveis alguma coisa reservei, a qual aos olhos deles, já mostrei há algum tempo; e com isso aumentei-lhes a vontade[17].

Pois bem, o vernáculo do *Cântico* também brota – cem anos antes – do mesmo desejo que levou Dante a usar a língua aprendida com as mães e com as amas de leite, para ampliar o número de seus fruidores, daqueles que a entenderiam e amariam, amando seus ensinamentos morais, que, como no caso da *Comédia*, pretendia-se transmitir. Mas, ainda hoje, o *Cântico* continua a ser visto habitualmente como uma composição espontânea e instintiva, sendo que sua estrutura – de forma e de conteúdo – mostra que nada tem de simples, o que também se demonstra no grande fascínio que continua a exercer em seus leitores.

A base de sua poética é a exaltação do mundo e da criação, contra a visão, ainda dominante na época, de um mundo a ser desprezado. Um dos papas contemporâneos de Francisco, Inocêncio III, escrevera, poucos anos antes da composição do *Cântico*, um libelo com o significativo título de *Sobre o desprezo do mundo*, em que reafirmava uma concepção pessimista do mundo e da natureza, entendidos quase lucrecianamente.

O *Cântico* se contrapõe a essa visão desoladora da criação e das criaturas, como também se contrapõe à ideia de um corpo como prisão da alma, defendida por diversos grupos religiosos da época, e não só heréticos.

A concepção de mundo de Francisco é diametralmente oposta; a natureza e a criação são emanações do amor de Deus e por isso devemos mergulhar nelas, regozijarmo-nos com elas, deixarmo-nos permear por elas. O amor pela natureza e pelas criaturas leva a Deus. Dante o

---

17. Dante, *Convivio*, I, 10.

diz com clareza na *Vida nova*: somente passando pelo amor terreno pode o homem esperar se elevar ao amor de Deus. Dante chega a Deus por meio de Beatriz; Francisco, por meio da água cristalina, das estrelas preciosas, do fogo vigoroso e da terra que nutre e sustenta todas as suas criaturas.

Essa concepção salvífica do Amor é a própria essência daquela literatura cortês em que ambos, Francisco e Dante, se formaram. Mas, se deixamo-nos persuadir por Dante de que o caminho para chegar a Deus passa inevitavelmente pelo amor terreno, em Francisco esse mesmo ensinamento nos escapa, como se ele não dissesse a mesma coisa no *Cântico*.

Para Francisco, portanto, não se alcança o amor de Deus nos templos da ciência, nem pelo estudo da teologia e tampouco dentro de um eremitério ou na contemplação solitária; chega-se a ele por meio da caridade, que não é simples esmola, e sim amor ardente pelo próximo, alegria e partilha de seu destino, que se expressa em impulsos súbitos da alma, como a compaixão pela pobre de Machilone, o amor comovente por Clara e as irmãs, o calor fraterno em relação aos companheiros reunidos no estábulo de Rivotorto.

Para além de seu conteúdo revolucionário, que iria mudar definitivamente a sensibilidade medieval, assinalando a passagem de uma religiosidade centrada em Deus para uma religiosidade centrada no homem, os linguistas também têm reconhecido no *Cântico* estratégias técnico-linguísticas imprevisíveis: da utilização da sintaxe paratática, deliberadamente repetitiva para escandir um ritmo fortemente didático-moral, às anáforas de "Louvado seja" e "bem-aventurados aqueles"; das aliterações de "nostra matre terra" ("nossa mãe terra") e "diversi fructi con coloriti flori et herba" ("diversos frutos com coloridas flores e ervas") à ditologia sinonímica de "sustenta e governa"; da paronomásia de "útil e humilde" à rima por contato de "ellu è bellu" ("ele é belo").

A enumeração sequencial dos componentes ontológicos do cosmo – ar, água, fogo e terra – não pode ser atribuída a um homem ingênuo e de pouca cultura. As próprias referências às Escrituras, em primeiro lugar o *Sermão da Montanha*, do qual Francisco retoma a dualidade dos "bem-aventurados aqueles" e "ai dos que", ou a citação da "morte secunda", retomada do Apocalipse de João, revelam uma construção que nada tem de instintiva.

Assim, o *Cântico*, em vez de se revelar como oração espontânea e um pouco ingênua, confirma que seu ambiente de origem – longe de ser formado por homens simples e ignorantes, querendo ser guiados por frades cultos e iluminados – caracterizava-se pela forte presença de homens instruídos, que se puseram conscientemente na contramão dos gostos e inclinações culturais e espirituais da época, que souberam – como precursores – captar em suas incipientes transformações.

6. A grande censura

O retrato de Francisco feito por Tomás de Celano não granjeara – como ele mesmo lamentava – um grande consenso, mas ele não tinha intenção de ser o único, nem de impedir que outros materiais sobre a vida de Francisco circulassem e fossem difundidos e conhecidos. A ideia de Boaventura, por sua vez, foi a de impor sua biografia como a única possível, e por isso, passados apenas três anos desde que a apresentou oficialmente no capítulo de Pisa em maio de 1263, ele decretou no capítulo de Paris de 1266 que se destruíssem todas as biografias anteriores de Francisco:

> O mesmo ordena o capítulo geral por obediência que todas as lendas do beato Francisco já feitas sejam destruídas e que, onde puderem encontrá-las fora da ordem, os próprios frades se empenhem em eliminá-las, pois essa lenda, que foi feita pelo ministro geral, foi compilada com base no que ouviu da boca daqueles que estiveram quase sempre com o beato Francisco e assim souberam todas as

coisas com certeza e assim são fatos comprovados que estão aqui registrados com diligência[18].

Os frades compreendem o que Boaventura pretende com a fórmula canônica "O capítulo dispõe e ordena": eles devem fisicamente suprimir, raspar, destruir anotações, notícias, biografias sobre Francisco que constem em seus breviários, em seus cadernos pessoais, em seus livros de orações. E devem se empenhar em fazer o mesmo nos breviários dos religiosos das outras Ordens, que todos os anos, em 4 de outubro, celebram Francisco como santo da Igreja universal.

Boaventura é um filósofo, um sistemático, acostumado a pôr ordem no cosmo e no saber. A ordem é inimiga do caos, somente a ordem pode salvar o homem do mal que, em essência, é desordem. Assim, na família franciscana que lhe foi confiada, composta de tantos irmãos e tantas irmãs, é preciso pôr ordem, a começar pelas ideias e pela memória; é preciso remover tudo o que não seja necessário e que, aliás, pode contribuir para confundir, tornando-se prejudicial.

A multiplicidade, a variedade, é desordem, enquanto a filosofia de Boaventura é uma celebração da unidade, do retorno ao Uno a que todo homem – criado no exílio – aspira, através de seu "reditus ad Deum", "ad Unum". Assim também a vida de Francisco deve ser conhecida e celebrada num único texto, que valha para todos, porque única é a verdade.

Os frades compreenderam bem: daqui por diante, só poderão ler, pensar e conhecer Francisco através da *Lenda Maior*.

Muito se escreveu sobre a funesta decisão de 1266 e não faltou quem se esforçasse em minimizar sua importância, comparando a medida a algumas decisões "semelhantes" tomadas por outras ordens religiosas, que, na verdade, não tinham nada em comum com essa ação sistemática e deliberada de destruição, e não de substituição dos textos.

---

18. Definitiones capitulorum generalium ordinis fratrum minorum 1260-1282, in: LITTLE, A. (ed.), *Archivum franciscanum historicum*, 7 (1914), 676-682.

Para não criar confusões na normativa, decretou-se também a destruição das velhas constituições enquanto se aprovavam as novas, mas a univocidade, que em matéria de direito é garantia de clareza, não assume o mesmo valor no plano do testemunho e da informação. Além disso, a guerra que Boaventura declarou a qualquer imagem de Francisco que não fosse a sua não se restringiu ao interior da própria Ordem, estendendo-se para o exterior, onde – com surreal disposição – impôs-se que os frades procurassem e eliminassem as lendas anteriores de Francisco. Assim, não se tratava apenas de normatizar a conduta dos próprios frades com a imposição de um modelo claro e unívoco, mas de apagar a memória de um outro Francisco.

Ao examinarmos os testemunhos remanescentes das obras escritas antes de Boaventura, os números parecem nos indicar algo. Entre as obras dos companheiros enviadas a Crescêncio de Jesi, a *Lenda dos três companheiros* chegou a nós em estado muito melhor do que a *Compilação de Assis*, que nos chegou num único manuscrito, o 1046 da Biblioteca Augusta de Perúgia.

Quanto às duas biografias de Tomás de Celano, escritas respectivamente antes e depois da investigação de Crescêncio de Jesi, a primeira sobreviveu muito melhor do que a segunda, da qual se salvaram somente dois códigos. E talvez não seja mero acaso que a biografia que sofreu maiores danos foi justamente a segunda, a que – como vimos – havia englobado justamente o testemunho dos companheiros.

Assim, parece evidente que os verdadeiros alvos da ordem de destruição de Boaventura eram o material da *Compilação de Assis* e a obra de Tomás de Celano, que remanejara esse material. Tal material devia parecer indigesto por insistir na observância da Regra e do *Testamento*, por não deixar dúvidas sobre a posição de Francisco, contrária a que a Ordem se abrisse ao estudo, à pregação doutrinária, às carreiras universitárias e eclesiásticas, à posse dos livros, e por advertir que não se substituísse o trabalho manual pelo intelectual.

A *Compilação de Assis* aparece como manifesto antiboaventuriano *ante litteram*, a ponto que alguns filólogos estabeleceram sua data de composição depois, e não antes do capítulo parisiense de 1266, convencidos de que a compilação fora escrita em reação à censura que então se implantou.

Na verdade, pelo contrário, foi a compilação que provocou essa censura, na medida em que transmitia uma imagem de Francisco que devia ser extremamente incômoda para Boaventura.

No testemunho dos companheiros, o que decerto deixava Boaventura em posição embaraçosa era a referência constante à vida humilde e laboriosa dos frades, o desprezo pelo estudo, a proibição à posse dos livros, coisas que eram sistematicamente desrespeitadas nos colégios universitários e em outros lugares. Da mesma forma, deviam-lhe parecer especialmente penosas todas as referências explícitas dos companheiros às divergências entre os frades, divergências estas que começaram bem antes da morte de Francisco. Boaventura, então, deve ter pensado em remover definitivamente da memória da Ordem e do conhecimento da posteridade a imagem do Francisco dos últimos anos: um Francisco desesperado diante das distorções de sua Ordem; um Francisco abatido diante da marginalização de seus companheiros; um Francisco desalentado diante do aborrecimento que amadurecera em relação a ele. Tal aborrecimento muitas vezes assumira a forma de uma acusação contra sua inadequação, sua simplicidade, sua pobreza intelectual, sua fraqueza. Eram acusações que visavam a excluí-lo da condução não só administrativa, mas também moral da Ordem; acusações que visavam a esvaziar o peso de suas admoestações e neutralizar o efeito de suas recomendações.

Boaventura também queria eliminar a lembrança de ministros ambiciosos, de frades espertalhões, de capítulos tumultuados, de contestadores vis, de semeadores de discórdia e de numerosos frades que haviam empreendido uma guerra pessoal contra o fundador; preocupava-o que a mudança ocorrida na Ordem – mudança que, na condição de ministro geral, pretendia apoiar e ratificar – pudesse ser vista como fruto daquela corrente que, com sua pretensão de ter um abrandamento na Regra, amargara os dias finais de Francisco, levando-o pressagiar um futuro sombrio para seus frades.

A obra de Boaventura sugeria, inversamente, uma história unitária e serena da instituição franciscana, sem censuras, sem divergências, sem guinadas.

Se a Cúria romana nunca disfarçou, a começar por Gregório IX, suas intenções de conduzir o movimento dos frades de Assis por trilhos diferentes dos originais, mais canônicos e institucionalizados, e se empenhou – como vimos – em chegar, com Tomás, a uma biografia que mantivesse a união entre as duas almas da Ordem, Boaventura, por seu lado, quis se apresentar como o verdadeiro intérprete da vontade de Francisco, ocultando as inegáveis mudanças, a pretexto de uma continuidade com o passado. É claro que, se suas disposições não podiam se apresentar como novas, quem teria de mudar era a figura de Francisco.

VIII

Um candeeiro resiste aceso

1. Paris matou Assis

No silêncio imóvel da planície úmbria, aprisionada desde sempre pelas cadeias dos Apeninos num espaço dormente e inacessível, subtraído ao fluir natural do tempo, refratário à mudança, os ecos das decisões do capítulo de Paris chegam atenuados e confusos.

Passam sobre a cabeça de frei Leão e dos companheiros sobreviventes como um asteroide, um corpo estranho vindo de outro lugar, que não guarda qualquer relação com a paisagem natural sobre a qual se abateu, mas cujos efeitos estão fadados a transformá-la profundamente.

Eles, os companheiros, nem perceberam como estavam carregados os ventos de tempestade e de como eram densas as nuvens escuras que se perfilavam no horizonte da Ordem.

Empenham-se diariamente em evitar conflitos, em não se pronunciar abertamente a favor dessa ou daquela corrente e, quando os trovões desses temporais se tornam mais ensurdecedores, vão para os eremitérios isolados. Lá, ocupam-se em encontrar alimento, remendar os hábitos, arrumar as tábuas de madeira deterioradas, reforçar o barro das frestas, lavar as roupas com cinzas, exaltar o Criador com cantos e orações, das Laudes às Vésperas.

A vida de quem usa o hábito em Assis e a dos frades em Paris caminham a passos diferentes. O ritmo dos frades úmbrios é intenso, do amanhecer ao crepúsculo: ora carregam água, ora juntam folhas, ora reúnem feixes de gravetos, ora costuram, ora remendam; muitas vezes moem e sovam pães de grãos escuros como escuro é o denso interior da mata, quando os raios oblíquos do sol já não o alcançam mais e quem está ao ar livre precisa se apressar para voltar aos confrades; precisa se apressar e avivar o fogo, que esfriou ao longo do dia, e mexer vigorosamente o caldeirão fervente; só depois do jantar, diante do altar de pedra da capela, podem, por fim, parar para a contemplação, mas o cansaço acumulado durante o dia muitas vezes deixa-os atordoados diante da página aberta do Evangelho, enquanto a floresta noturna em redor ulula e brame, abalada pelos passos pesados dos javalis.

Os frades de Paris, por sua vez, dialogam com o silêncio de seus *studia*, aonde o barulho das raras carroças passando pelas ruas chega amortecido. Sentados nos altos tamboretes de madeira, passam horas encastelados em suas bancadas e, assim agarrados a seus textos, leem, estudam, decoram trechos inteiros das Escrituras; medem, examinam, decompõem e por fim anotam suas passagens; em pequenos cadernos, anotam, copiam, grifam palavras, frases e parágrafos; e somente quando a aula lhes parece estruturada, quando a tese e a antítese lhes parecem equilibradas e suficientemente amparadas pelas *auctoritates*, entram em aula, avançando epifânicos até o auditório, que os aguarda impaciente, atraído pelo fascínio irresistível de suas acrobacias mentais, pelos saltos mortais de que são capazes suas faculdades lógicas, pelas maratonas frenéticas realizadas entre as remissões ocultas do texto.

São vidas antitéticas, mundos sideralmente opostos, um dos quais agora ameaça prevaricar sobre o outro.

Mal vemos Paris e já se destrói Assis[1], denuncia Jacopone de Todi, que, como úmbrio e franciscano, sente as águas imponentes e

---

1. TODI, Jacopone de, *Laude*, F. Mancini (ed.), Roma-Bari, Laterza, 1974; *Lauda* XCI, 293.

ameaçadoras do Sena abalroarem as inócuas e minguadas águas do Chiascio.

2. Esquecimento e obediência

"Obediência" é um dos eixos da vida consagrada. Assim, se é de obediência que se trata, Leão sabe o que deve fazer no dia seguinte à funesta decisão do capítulo de Paris de 1266. Não deve espremer os olhos míopes, no gesto instintivo de quem força a vista, gasta durante anos no esforço de ler, de arrumar, de reordenar as lembranças que escrevera junto com os companheiros tantos anos antes. Não deve remexer naquelas anotações ciosamente conservadas, remanejadas em privado; agora, deve sumir com elas.

E, acima de tudo, o que não deve fazer é definir os contornos, fazer a avaliação, examinar a real consistência do Francisco de Boaventura. A decisão do ministro geral não deixa dúvidas a respeito: Francisco, de agora em diante, será o Francisco de Boaventura, e a Leão só resta, portanto, eliminar o antigo: "O mesmo ordena o capítulo geral por obediência que todas as lendas do beato Francisco já feitas sejam destruídas e que, onde puderem encontrá-las fora da ordem, os próprios frades se empenhem em eliminá-las"[2].

Portanto, o que resultou do capítulo foi a peremptória determinação de "destruir", tarefa que nem é difícil de cumprir: Leão deve juntar aqueles poucos papéis – algumas cartas, algumas folhas de pergaminho, reunidas para formar alguns finos rolos – e lhes atear fogo. Ou usar uma pedra – melhor uma pedra-pomes – e raspar a superfície onde se gravou a escrita, deixando-a novamente em branco, pronta para receber um novo texto.

---

2. Definitiones capitulorum generalium ordinis fratrum minorum 1260-1282, 678.

Pode escrever o que quiser na página que voltou a ficar em branco; o importante é não fazer referências a Francisco, não tentar – quiçá inconscientemente – trazer à superfície o Francisco seu, pois de agora em diante não se poderá mais discutir a respeito de Francisco, não se poderá mais lembrá-lo, a não ser que as lembranças assumam a mesma forma do Francisco narrado por Boaventura. É uma forma bem definida que, à força de tanto se ler e ouvir, dia após dia, ano após ano, penetrará na memória dos frades de maneira natural e indolor, desde que, sem dúvida, não se oponha resistência a tal operação.

"Obediência": é isso o que frei Leão deve lembrar nesse momento.

O ministro se pronunciou e agora ele deve se conformar a essa sua vontade, expressa com extrema clareza.

A vida que escolheu inscreve-se numa hierarquia rígida, regida pela obediência, seu baluarte. O que ele pensa a respeito de tal pronunciamento, portanto, não tem nenhuma importância; pôr em discussão a ordem de um superior contraria a própria vontade de Francisco, que sempre quis, para si e para os seus, uma vida submetida à autoridade de um ministro ou de um frade guardião.

Em cima da mesa, perto dos materiais que ainda não se decidiu a destruir, deve estar uma cópia da *Lenda* de Boaventura: Leão pode relê-la e verificar se o essencial sobre a história de Francisco está corretamente transmitido. Claro que não deve se deter em suas omissões, não deve ponderar seus silêncios, não deve avaliar o quadro e o sentido geral com que se calaram os episódios, muitos deles narrados muitos anos antes pelo próprio Leão. E tampouco deve levar em conta a questão do estilo, pois a forma não é a substância. Certamente o estilo escolástico de Boaventura, doutor em teologia, afasta-se da palavra nua e essencial, que ele e os companheiros se esforçaram em adotar. A palavra de Boaventura é diferente, sem dúvida, mas nem por isso ele não pode se esforçar em apreciá-la e, principalmente, lê-la à luz daquelas contingências que a fizeram urgente: a ruptura interior da Ordem, o erro doutrinal de Gerardo, a necessidade de uma reforma que o novo geral precisa levar adiante.

Leão não tem como deixar de reconhecer que Boaventura pretende celebrar Francisco, até mais do que ele e os companheiros desejam:

> Anjo da verdadeira paz, ele também, tal como o Precursor, foi predestinado por Deus a preparar-lhe o caminho no deserto da altíssima pobreza e a pregar a penitência tanto com o exemplo quanto com a palavra.
> Chegando primeiramente aos dons da sublime graça, chegando depois aos méritos de uma invicta virtude; foi preenchido também por espírito profético e designado para o ofício dos Anjos, e ardente no seráfico incêndio como semelhante às hierarquias angélicas, foi levado aos céus numa carruagem de fogo como luminosamente mostra o curso de sua vida[3].

Essas são as palavras com que, doravante, transmitir-se-á a lembrança de seu amigo e mestre e com que Leão e os companheiros terão de se confrontar: quatro citações extraídas das Escrituras em poucas linhas que poderiam se adaptar à vida de qualquer santo: linhas que, juntas, formam parágrafos e parágrafos que, reunidos, formam capítulos que, um após o outro, formam a *Lenda Maior*. Mas Boaventura não parece falar de Francisco na obra; em vez disso, parece expor sua própria concepção de mundo: um mundo permeado pelo binômio luz-trevas, pilar daquela tradição pseudodionisiana em que ele se formou. Ademais, Boaventura é um filósofo, é um teólogo, é um sistemático e, portanto, tem uma visão de conjunto da história cristã e do desígnio providencial que a rege; nessa visão do existente, não há espaço para a vida de um indivíduo tal como o entendem os companheiros: um indivíduo único, diferente dos outros, um homem, um amigo, um irmão e confrade. Para Boaventura, não se trata de mostrar o quanto Francisco se elevou, e sim o quanto a luz desceu até inundá-lo, segundo

---

3. BOAVENTURA, *Leggenda Maggiore*, Prólogo, 778.

uma lógica que o faz um escolhido, um instrumento da providência divina. É a vida do indivíduo que se curva, que se dilui, que se anula no desenho geral da história e não o contrário.

Mas o que esperavam, afinal, de sua pena de teólogo? O que esperavam os frades, afinal, de uma obra como a *Lenda maior*, senão um retrato dogmático e tão embebido da teologia do autor que acaba por ficar infinitamente distante de sua matriz?

Leão, portanto, precisa se esforçar em reencontrar o que há de bom ali contido; precisa tentar reler, recitar, memorizar, sentir a obra como parte de sua própria história, porque sua história e a história de Boaventura são uma história só, única, que não pode e não deve permitir dolorosas cisões.

Mas a obra de Boaventura é uma biografia que entorpece a atenção, abate o ânimo, adormece o espírito; é um retrato que em nada relembra a carne, o sangue, o olhar, a força de um deles, alguém que eles realmente tiveram a graça de ouvir, de tocar, de abraçar, de apertar. Não se pode pedir a eles esse esforço desumano de lembrá-lo por meio de outro olhar, outro calor, outros braços, outras palavras, outro sorriso.

No entanto, é isso o que ele e os frades da Porciúncula precisarão fazer. De agora em diante, terão de se confrontar com esse outro Francisco, terão de raciocinar sobre um anjo sem consistência, sem corpo, sem história; um anjo que se materializou em Assis para iluminar com luz incerta um incerto público de fiéis, segundo um desígnio determinado pelo Alto. Para que servirá esse Francisco imaterial? Essa imagem irreal, tão esplendorosa quão vazia, transbordante e árida ao mesmo tempo?

Obediência, Leão, isso é o que te foi ordenado pelo ministro geral, isso é o que te impõe a Regra e é a isso que terás, enfim, de te ater.

3. Um candeeiro resiste aceso

Caiu a noite na planície úmbria, apenas um candeeiro ainda resiste aceso no mosteiro da Porciúncula. É um frade que percorre as folhas de um rolo sobre o qual passou acordado, curvado no ato de copiar, todo o inverno e boa parte da primavera, já transcorridos quarenta anos desde a morte de frei Leão.

Nos refeitórios dos mosteiros, sussurrava-se que Leão afinal não quisera destruir aquelas lembranças que escrevera junto com os companheiros; que, ao saber da funesta decisão do capítulo de Paris, reunira, reorganizara e guardara seus papéis em local seguro. Deve ter hesitado, mas por fim enrolou os papéis num maço e, encobrindo-os com o hábito, retirou-os às escondidas do mosteiro da Porciúncula. Ou talvez nem tenha precisado escondê-los, porque os frades na Porciúncula deviam julgar que aquela decisão, ainda que proferida por um superior, era insensata e prejudicial e que, depois de alguns anos, outros gerais, mais lúcidos e judiciosos, iriam tentar remediá-la, ordenando, talvez, que se recuperasse aquilo que agora se pedia para destruir.

E mesmo que nenhum outro ministro viesse a recuar, mesmo que realmente ninguém viesse a se dar conta, por fim, de que aquela decisão significava o súbito desaparecimento de Assis e de seus frades com seus pobres tugúrios e seus hábitos rasgados, mais cedo ou mais tarde, alguém e talvez mais de um – em tempos melhores – iria encontrar aqueles papiros, iria ler aqueles testemunhos e, com base nisso, iria reconstituir as partes, até voltar a ver o Francisco que fora o amigo e o mestre deles.

Foi provavelmente com tais pensamentos e com o propósito de retomar a via dos eremitérios que Leão subiu da planície para a encosta ocidental do Subásio e, chegando ao meio dela, deteve-se diante do protomosteiro contíguo à igreja de São Jorge. Era para lá que as irmãs haviam sido transferidas pouco tempo antes, e algumas companheiras de Clara ainda estavam vivas; e lá a amargura quanto às reformas de Boaventura era ainda mais intensa, porque atingia *in primis* a elas, condenando-as a se tornarem um corpo estranho na instituição franciscana. A elas Leão confiou seus papiros, com a recomendação de guardá-los em segredo e para sempre. Então foi se reunir na montanha aos que já haviam partido, já haviam se apartado nos eremitérios isolados, para reencontrar na solidão e na oração aquela paz interior submetida a dura prova pelos novos acontecimentos.

Muitos afirmavam que, após a morte de Boaventura, passado o perigo, esses escritos retornaram ao local onde sempre haviam estado, o mosteiro da Porciúncula, e que quem quisesse conhecer as verdadeiras ações do Pobrezinho de Assis devia ir até lá, onde ainda se conservavam os papiros de frei Leão.

Muitos na Ordem haviam amadurecido a convicção de que haviam sido esses escritos que realmente levaram à funesta decisão de Boaventura, de que seu alvo era precisamente esses escritos. Por isso, no imaginário dos frades, haviam assumido uma aura mitificada, como se fossem códices proibidos, contendo sabe-se lá qual obscuro segredo.

Agora que nosso anônimo frade enfim pusera mãos à obra, copiando-os e organizando-os pacientemente, só pôde constatar que, dessas lembranças, surgia uma imagem muito diferente de Francisco, uma imagem da qual restavam apenas pálidos traços na *Lenda Maior* de Boaventura.

O Francisco dos companheiros não era um anjo, mas um homem. O Francisco dos companheiros tinha sangue e força. O Francisco dos companheiros não era um eleito do Senhor que se erguia ao alto, acima dos seus frades, mas era um deles. O Francisco dos companheiros não evitava as mulheres, mas procurava Clara e as irmãs para dar e receber conforto. O Francisco dos companheiros não era um santo passivo e sofredor, banhado de resignadas lágrimas, mas um homem ativo, que se acautelava contra as insídias presentes em seu caminho e no caminho dos seus. Não era um santo frio e distante, mas um confrade próximo e generoso. O Francisco dos companheiros não era um frade simples e iletrado, mas um homem consciente e instruído. Não era uma forma vazia preenchida pelo sopro divino, mas um frade dotado de visão própria e decidido a defendê-la.

O que havia de mais divergente entre a versão dos companheiros e a de Boaventura era, acima de tudo, o Francisco dos últimos anos.

O de Boaventura é um santo tentado pelo demônio; o dos companheiros é um homem amargurado pela conduta de seus frades, atormentado diante das distorções que estavam ocorrendo, derrotado em seu projeto inicial, duramente afetado pela oposição daqueles que – mesmo tendo ingressado nas fileiras de sua instituição – não querem reconhecê-lo como pai e, enquanto o louvam com palavras, isolam-no na prática, deslegitimam-no, exoneram-no do papel de guia moral e espiritual.

São seus frades que amarguram seus últimos anos de vida; não a Cúria, não o pontífice, não as Ordens religiosas concorrentes, não o cansaço de viver em privação, não a ingratidão dos pobres que beneficiou, mas um mal que atingiu sua própria criatura, um mal que ameaça devorar sua comunidade, mudar sua fisionomia; uma comunidade que se volta contra Francisco de maneira inesperada e violenta, sem que ele entenda claramente a razão.

O Francisco dos últimos anos é, porém, um Francisco que não reage, embora instado pelos companheiros, que lhe suplicam que tome providências: que erradique a erva daninha, que puna os caluniadores, os invejosos, os mesquinhos, os pusilânimes, os soberbos, os arrogantes que se aninharam às centenas na Ordem, que às centenas tomaram o hábito, sem serem dignos dele. Frades que não têm a humildade de reconhecer seu erro inicial de avaliação, que não aceitam sair de uma instituição que – evidentemente – não serve para eles. Querem, pelo contrário, permanecer nela, acusando que a falha está em outro lugar, na Regra considerada demasiado rígida, nos guardiães considerados não estarem à altura de suas funções, no fundador acusado de obstinação e dureza.

Até o último instante, os companheiros invocam uma reação de Francisco contra esses frades; mas é uma reação que não há de ocorrer, porque Francisco se nega ao papel de carnífice dos seus, de fustigador de vícios, de expurgador. Nega-se a julgá-los, a puni-los, a expulsá-los, a humilhá-los, a enumerar suas baixezas, a denunciar suas misérias, a medir suas fraquezas. Como pai bondoso, não se lança contra os filhos, mesmo ao custo de pagar um preço tão alto: deixar que o isolem, ataquem, difamem, ridicularizem, traiam, reneguem.

Os companheiros então devem fazer o mesmo, talvez tomando o caminho dos eremitérios, isolando-se eles também ou afastando-se com alguns poucos confrades de confiança, sem criar escândalo, sem recriminar, sem ceder à tentação de entrar em disputas, de se pôr em rivalidade, de alimentar polêmicas, de se entregar ao ressentimento e à acrimônia.

Mesmo cedendo, por fim, à vontade de Francisco, confiando em Deus quanto ao destino que lhes parece irremediavelmente comprometido, os companheiros não desistem, porém, de preservar e reafirmar a verdade que conhecem.

E essa verdade, como mensagem encerrada numa garrafa, chegou até nós, dando-nos a impressão de que, de certa maneira, somos nós os destinatários.

A quem, se não a nós, Leão e os companheiros pretendiam se dirigir? Não desejariam, talvez, entregar o Francisco deles a quem, ao contrário deles, não tivera a graça de viver a seu lado? Na carta que enviaram a Crescêncio de Jesi, não tinham escrito que queriam deixar "à memória da posteridade" aqueles testemunhos negligenciados pelos outros autores?

> Aquelas poucas coisas que aqui escrevemos podereis inserir, se à vossa discrição parecer justo, nas lendas já escritas [as biografias de Francisco], porque acreditamos que certamente aqueles veneráveis homens que escreveram as referidas lendas, se conhecessem essas coisas, de maneira alguma iriam deixá-las de fora, mas iriam adorná-las com sua eloquência e transmiti-las à memória da posteridade[4].

---

4. Lettera di Greccio [Carta de Greccio], in: *Fontes franciscani*, 1373-1374.

Fosse quem fosse o destinatário dessa mensagem, fosse quem fosse seu ouvinte, deve ter ficado evidente a nosso anônimo copista da Porciúncula que a intenção dos companheiros não era a de escrever aquelas lembranças para si mesmos, como um diário pessoal a ser mantido em segredo, como um bloco de notas privado a ser ciosamente guardado.

Não era o tom cálido e comovido de quem quer lembrar e celebrar em privado, mas sim o tom pressuroso e desesperado de quem quer ser compreendido, ouvido, acreditado. Nesses escritos afloram o desejo e a esperança dos companheiros de que seu testemunho seja lido, transmitido, difundido entre os que se ponham em busca de Francisco.

É a esse leitor-buscador que certamente os companheiros se dirigem, quando "gritam" serem eles que conviveram, eles que viram, eles que ouviram, eles que estiveram com Francisco quando se desenrolou essa história.

Também deve ter saltado aos olhos de nosso anônimo compilador – assim como salta aos nossos – aquela insólita fórmula testemunhal, aquela ressentida asserção que – como se fosse uma assinatura, como se fosse um sinete – marca tantas de suas lembranças: *Nos qui cum eo fuimus*, "Nós que estivemos com ele":

> Nós que estivemos com ele, que o vimos visivelmente transbordar de alegria à vista ou ao contato com as criaturas, tanto que seu espírito, nesses momentos, parecia não mais na terra e sim no céu[5].

> Nós que estivemos com ele, podemos testemunhar que, estivesse sadio ou enfermo, era de infinita caridade e bondade não só com seus frades, mas também com todos os pobres[6].

---

5. CompAss, 88, 264-265.
6. Ibid., 89, 268-269.

Nós que estivemos com ele quando compôs a Regra e quase todos os outros seus escritos, testemunhamos que ele fez incluir na Regra e nos outros escritos prescrições às quais alguns frades, principalmente os superiores, fizeram oposição[7].

Nós que estivemos com ele não conseguiríamos enumerar quantas e quais necessidades negou a seu corpo, na alimentação e nas roupas, para dar bom exemplo aos frades, para que fossem incentivados a suportar com maior paciência suas privações[8].

Nós que estivemos com ele testemunhamos que, desde que começou a aceitar irmãos, e depois por toda a duração de sua vida, mostrou-se sempre compreensivo em relação a eles[9].

Nós que estivemos com o beato Francisco, e que dele escrevemos essas lembranças, atestamos tê-lo ouvido dizer muitas vezes: "Se um dia eu falar com o imperador, suplicarei a ele que por amor de Deus e pela minha imploração emane um edito para que nenhum homem capture as irmãs cotovias e lhes faça mal"[10].

Nós que estivemos com o beato Francisco atestamos o que ele disse dessa igreja, que naquele local lhe fora sido revelado que a Virgem preferia aquela igreja entre todas as outras do mundo[11].

Nós que estivemos com ele vimos e ouvimos muitos outros episódios semelhantes a esses, mas seria longo demais narrá-los[12].

---

7. Ibid., 106, 342-343.
8. Ibid., 111, 366-367.
9. Ibid., 50, 112-113.
10. Ibid., 14, 46-49.
11. Ibid., 56, 134-135.
12. Ibid., 82, 234-235.

Nós que estivemos com ele, se algum irmão perguntasse por que Francisco quando vivo não fez observar a estrita pobreza como disse a frei Riccerio, respondemos que ouvimos de sua boca que ele recomendou essas e muitíssimas outras coisas aos frades[13].

Nós que estivemos com o beato Francisco podemos testemunhar que sempre que ele dizia: "As coisas são assim ou terminarão assim", assim ocorria ao pé da letra[14].

Nós que estivemos com ele o vimos com os nossos olhos agir muitas vezes segundo esses ditames[15].

Nós que estivemos com ele, muitas vezes o ouvimos dizer aquela palavra do Evangelho: as raposas têm as tocas e os pássaros do céu os ninhos, mas o Filho do homem não tem onde deitar a cabeça[16].

Nós que desde um certo tempo e até a sua morte estivemos com ele, testemunhamos que todo frade, se tivesse conhecimento das privações que ele suportou até o dia de sua morte, não poderia lembrá-lo sem segurar as lágrimas[17].

Que sentido teria esse "nós que estivemos com ele", a não ser o de se anunciarem como os únicos depositários da história de Francisco? Isso se não for uma acusação contra os que – pelo contrário – não estiveram com ele, mas mesmo assim apresentaram-se como cantores da vida de Francisco, querendo que seus próprios escritos se tornassem verdade e evangelho sobre um homem que nem sequer haviam conhecido.

---

13. Ibid., 101, 312-313.
14. Ibid., 84, 250-251.
15. Ibid., 11, 32-33.
16. Ibid., 57, 148-149.
17. Ibid., 117, 392-393.

Com essa fórmula, os companheiros pareciam querer responder às interrogações que nos assediam a cada vez que lemos uma fonte biográfica: os autores foram contemporâneos do homem cuja vida estão narrando? Foram testemunhas diretas dos fatos que relatam? E, principalmente, compreenderam e compartilharam sua visão de mundo?

Leão e os companheiros nos mostram toda a sua preocupação em responder que sim, que foram eles os seus amigos, foram eles os seus companheiros, foram eles pessoalmente que viram e ouviram as coisas que relatam.

Nosso frade anônimo, *in primis*, deve ter-lhes dado crédito, demonstrando que os considerava testemunhas fidedignas, demonstrando querer seguir a pista traçada por esse sinete "Nós que estivemos com ele".

Agora que seu trabalho chegava ao fim, da mesma forma devia-lhe parecer evidente que, para os companheiros, a persistência de continuar a trabalhar na memória de Francisco também representara uma forma de resistência às excessivas mudanças ocorridas na Ordem, mudanças que haviam sido definitivamente sancionadas pela *Lenda* de Boaventura.

E nosso frade anônimo, ele também tal como os companheiros, deve ter encontrado sua forma de resistência na escrita, na transcrição e na transmissão daquela imagem de Francisco cunhada na Porciúncula, como parece demonstrar sua tentativa de reforçar as reflexões dos companheiros com um novo ordenamento dos capítulos, com a inserção de advérbios, de breves comentários, com o aporte de pequenas modificações que, embora miúdas, têm o efeito de tornar o tom ainda mais pressuroso e militante.

Em seus escritos, talvez os companheiros tenham sentido pudor em fazer críticas, formular acusações, reprochar injustiças; ele explicita melhor tudo o que há de tácito e implícito nos testemunhos dos companheiros.

Agora que os protagonistas dessa história estão todos mortos, deve-se afigurar a nosso copista que é chegado o momento de fazer um balanço e o tempo está maduro para atribuir erros e acertos.

Assim, ele transcorre acordado – na intenção de transmitir esses testemunhos – boa parte de suas noites, limando, ajustando, copiando aquele material que, sem nem perceber, transformou numa obra nova, semelhante, mas diferente, da que se encontra em seu antígrafo.

O dia está nascendo e nosso compilador, chegando ao fim de sua labuta, acrescenta seu *explicit:* "Termina aqui o *Espelho do estado de perfeição dos frades menores* composto no sacrossanto local de Santa Maria da Porciúncula e concluído em 11 de maio de 1318"[18].

No *incipt* dissera: "compilado como lenda a partir de certas coisas antigas que em diversos lugares os companheiros de Francisco escreveram ou fizeram escrever ou declararam"[19].

Esta é a obra que Paul Sabatier reencontrou entre os códices da biblioteca Mazarin, no final do século XIX.

---

18. *Speculum perfectionis*, Explicit, 125.
19. Ibid., Incipit, 3.

Notas

Os escritos de Francisco, a carta de Tiago de Vitry e a bula de canonização de Gregório IX, *Mira circa nos*, são citados a partir de *La letteratura francescana*, edição de Claudio Leonardi e Daniele Solvi, Fondazione Lorenzo Valla-A. Mondadori editore (Scrittori latini e greci), Milano, 2004, v. I.

A *Vita prima sancti Francisci* (abrev. *Vita Prima*) de Tomás de Celano está reproduzida no segundo volume da mesma edição, Milano, 2005.

O processo de canonização de Clara de Assis é citado na edição de Giovanni Boccali, *Chiara d'Assisi sotto processo*, Edizioni Porziuncola, Assisi, 2003. Está em vernáculo úmbrio porque o processo de Clara foi transmitido por meio de uma vulgarização do século XV.

A *Lettera di Greccio* e a *Leggenda Maggiore*, de Boaventura de Bagnoregio (de que fiz uma tradução minha[1]), são reproduzidas a partir de *Fontes franciscani*, edição de Enrico Menestò e Stefano Brufani, Edizioni Porziuncola, Assisi, 1995, Testi 2.

Para a *Leggenda dei tre compagni* (abrev. TreComp), não pude abrir mão da vulgarização quatrocentista "remendada" por Ezio Franceschini: *La leggenda dei tre compagni*, Edizioni O.R., Milano, 1987.

---

1. Na presente edição, as citações foram traduzidas diretamente do volume italiano. (N. do E.)

A *Compilazione di Assisi* (abrev. CompAss) foi extraída da edição de Marino Bigaroni: *'Compilatio Assisiensis' dagli scritti di frate Leone e compagni, San Francesco d'Assisi, dal Ms. 1046 di Perugia*, segunda edição revista e corrigida, trazendo ao lado a versão italiana e variantes, Edizioni Porziuncola, Assisi, 1992.

O *Speculum perfectionis* é citado a partir da edição de Daniele Solvi: ANONIMO DELLA PORZIUNCOLA, *Speculum perfectionis status fratris minoris*, Sismel-Edizioni del Galluzzo (Edizione Nazionale dei Testi Mediolatini, 16), Firenze, 2006.

Em todas as passagens citadas, intervim onde julguei que poderia fornecer ao leitor uma versão ainda mais fiel à letra do texto latino.

Índice dos nomes

A

Agostinho de Hipona, santo 51, 58, 61, 163
Alexandre IV (Rinaldo dei Signori di Jenne) 194
Al-Kamil, sultão 155
Antônio de Pádua, santo 185
Arnolfo di Cambio 86

B

Beatriz, irmã de Clara de Assis 132, 211
Bento de Núrsia, santo 163
Bernardo, santo 163
Bernardo di Quintavalle 63, 96, 139, 188
Bernardo di Vigilante, frade 96
Boaventura de Bagnoregio, santo 13-15, 65, 67, 179, 184, 186-191, 195-208, 212-216, 219-225, 230, 233

C

Carlos Magno, imperador 76
Cassiano, João 58
Cattanei, Pietro, frade 96

Chrétien de Troyes 81
Cícero, Marco Túlio 50, 58, 61
Clara de Assis, santa 24, 25, 29, 30, 38, 43, 46, 55, 65, 75, 88, 96, 127, 129-151, 153, 167, 169, 170, 199, 200, 211, 223, 224, 233
Crescêncio de Jesi, ministro geral da Ordem dos Frades Menores 63, 64, 214, 226

D

Dante Alighieri 81, 208-211
Diana degli Andalò 131
Domingos, santo 97, 131, 184, 185

E

Egídio 96
Elias, frade 36-41, 43, 59, 149, 157, 165, 170, 171, 173, 174, 177, 200

F

Favarone di Offreduccio 96, 132, 140, 142
Frederico II, imperador 38, 148, 149, 191

G

Gerardo, frade 56
Gerardo de Borgo San Donnino 189, 194, 195, 197, 220
Ginepro, frade 56, 96, 109
Giovanni da Nottiano, frade 96
Giovanni de Parma, ministro geral da Ordem dos Frades Menores 195-197
Giovanni della Cappella, frade 96
Giovanni di San Costanzo 96
Gregório IX (Ugolino di Anagni), papa 33, 35, 36, 38, 44, 49, 58-61, 149-151, 163, 216, 233

Gregório de Nápoles, frade 158
Guido II, bispo 19

H
Homero 209
Homobono de Cremona 90, 100
Humiliana de Cerchi 130

I
Ida de Nivelles 131
Inês, irmã de Clara de Assis 132, 143-145
Inês da Boêmia 131
Inocêncio III (Lotario dei Conti di Segni), papa 33, 210
Isabel de França 131

J
Jacopone de Todi 218
Jó 124
João, apóstolo 50, 212
Joaquim de Fiore 192-194

L
Leão, frade 13, 14, 21, 45-47, 50, 65, 66, 150, 166, 168, 217, 219-224, 226, 230
Longo, Filippo, frade 149
Lucas, evangelista 204, 205
Luís VIII, rei da França 131

M
Maria d'Oignies 130
Martinho de Tours, santo 51, 58, 105
Marx, Karl 72

Masseo da Marignano, frade 96
Matteo de Narni, frade 158
Monaldo, tio de Clara de Assis 135, 142, 143
Morico, frade 96

N

Nicola de Tolentino 97

O

Ortolana, mãe de Clara de Assis 132

P

Pacifica di Guelfuccio 142
Petrarca, Francesco 208, 209
Pietro, frade 160
Pietro di Bernardone 26, 36, 54, 55, 72, 77-80, 82-86, 88-92, 95, 100, 134-137
Pietro di Cattanio 123, 124, 160
Pietro di Damiano 132

R

Radegunda, santa 130
Riccerio, frade 229
Rufino de Assis, santo 65, 66, 80, 88, 124, 150
Rufino di Scipione, frade 96

S

Sabatier, Paul 13, 14, 66, 231
Sabbatino, frade 96
Sêneca 58
Shakespeare, William 145
Silvestro, frade 90, 96

Sulpício Severo 58

T

Tancredi, Angelo, frade 65
Tiago de Vitry 77, 130, 147, 149, 233
Tomás de Aquino, santo 184
Tomás de Celano 47-59, 61-64, 159, 197, 212, 214, 216, 233

U

Ubaldo de Gubbio 97

V

Virgílio 209

Edições Loyola

editoração impressão acabamento
Rua 1822 n° 341 – Ipiranga
04216-000 São Paulo, SP
T 55 11 3385 8500/8501, 2063 4275
www.loyola.com.br